# Gaumenfreuden und Düfte Roms

## REZEPTE DER RÖMISCHEN KÜCHE UND TYPISCHE RESTAURANTS

D1723423

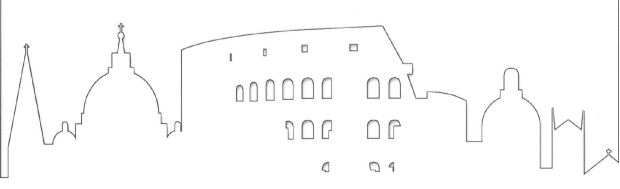

L'ORTENSIA ROSSA

Beim Durchblättern finden Sie Fotos und Rezepte, die sicher dazu anregen, eine größere Anzahl römischer Gerichte probieren zu wollen: wer gerne kocht, wird sein Vergnügen daran finden, sich an dieser Art italienischer Küche zu versuchen und all ihre Eigentümlichkeiten zu genießen. Aber über diese Rezepte hinaus können Sie die Atmosphäre Roms "schnuppern": das Buch ist um die Bilder der eindrucksvollsten Orte der Stadt und um die Vorstellung von typisch römischen Trattorie und Restaurants bereichert, in denen Sie die vorgestellten Rezepte probieren können.

Zu Ihrer einfacheren Orientierung 'vor Ort' haben wir grundsätzlich die Originalnamen der Gerichte belassen, bei dem jeweiligen Rezept aber unter seinem Namen eine Übersetzung oder kurze Beschreibung eingefügt, um Ihnen eine Vorstellung von dem Gericht zu geben.

## DIE REZEPTE

- gliedern sich in VORSPEISEN, ERSTE GÄNGE, HAUPTGERICHTE, BEILAGEN UND DESSERTS
- die Mengenangaben sind stets für 4 Personen
- die Zutaten sind größtenteils überall leicht erhältlich; wo nötig werden Alternativen vorgeschlagen.

## DIE WEINE

Die Rezepte werden von 27 DOC-Weinen (Denominazione di Origine Controllata = kontrollierte Herkunftsbezeichnung) aus der Umgebung von Rom und aus dem Latium begleitet.

## DIE TYPISCHEN RESTAURANTS

Die Auswahl der 35 Restaurants und Trattorien erfolgte nach den Kriterien
- Qualität,
- Lage,
- "typisch römischer Charakter" und
- Durchschnittspreis (um die 30 € pro Person, ohne Getränke).

**L'ORTENSIA ROSSA SRL (GRUPPO LOZZI)**
Circ. Gianicolense 210 - 00152 Roma • Tel.: 0039.06.98387080-1-2-3 • Fax: 0039.06 5349779 • E-mail:info@ortensiarossa.it

GRAFIK UND UMBRUCH: Line Art Studio (Roma) • TEXTE: Silvia Guglielmi • REDAKTION: Francesca Faramondi, Laura Cavallo
Übersetzung: Harald P. Fuchs
© Eigentumsvorbehalt L'Ortensia Rossa srl – Nachdruck, auch in Teilen, untersagt.
QUADERNI DELL'ORTENSIA ROSSA (I) - ISSN 2035-9578 - monatliche Zeitschrift - Eintragung beim Gericht Rom n. 18/2009 del 16/01/2009
Verantwortlicher Leiter: Silvia Guglielmi • Druck: MB STAMPA S.R.L. (Ariccia) - März 2011

# VORSPEISEN

Die römische Küche erweist sich bereits bei den Vorspeisen als echt volkstümlich. Das Grundbedürfnis, an dem sich die Rezepte orientieren, ist, Speisen mit einfachsten, aber geschmackreichen Zutaten zu bieten, die so nahrhaft sind, um den zu sättigen, der sich seinen Lebensunterhalt tagtäglich mit harter Arbeit verdient. So nahrhaft, dass einige klassische traditionelle Vorspeisen für uns heute, da wir uns wenig bewegen, eine schnelle und vollständige Mahlzeit sein können.

Sie ist ein Triumph des Frittierten, eine einfache Kochmethode, die aber Fertigkeit erfordert und der die römische Küche einige ihrer besten Rezepte verdankt. Und der Fäden ziehenden Mozzarella, der wir häufig begegnen, um einfache Rezepte schmackhafter und wirkungsvoller zu machen.

Die unverzichtbare, wirklich frugale Bruschetta (geröstete Brotscheiben) führt uns in Zeiten zurück, in denen sie für den, der im Freien arbeitete, die einzige mögliche "Brotzeit" war: für Bauern, Schäfer, Holzfäller… Sie ist auch heute noch perfekt, um eine Mahlzeit zu beginnen, vielleicht begleitet von einem Glas Wein aus den Albaner Bergen: gibt es eine schönere Art der Vorbereitung auf den Genuss der sehr schmackhaften nachfolgenden Gerichte?

# Bruschetta

*verschieden belegte geröstete Brotscheiben*

› 8 Scheiben altbackenes Bauernbrot
› 2-3 Knoblauchzehen
› Natives Olivenöl extra und Salz qu.s.

SCHNELL    LEICHT

## DIE TYPISCHEN RESTAURANTS

## AI SPAGHETTARI

› Piazza S. Cosimato, 57-60
  (S. Maria in Trastevere)
› Tel.: 06 5800450 - www.aispaghettari.it
› geschlossen: Montag und Dienstag mittags
› Durchschnittspreis (ohne Getränke): Euro 30,-

*Im Herzen Roms liegt in Trastevere in der Nähe der Kirche Santa Maria in Trastevere ein sehr altes Lokal, das sich seit 1896 derselben Führung rühmen kann:"Ai Spaghettari". Seine Küche ist in der kulinarischen römischen Tradition verwurzelt, und am Abend bekommt man auch die klassische römische Pizza mit dem etwas dünnen Boden. Das Lokal ist bis spät nachts geöffnet und verfügt in der warmen Jahreszeit auch über Tische im Freien.*
*Spezialitäten: Abbacchio, Amatriciana, Bruschetta, Carbonara, Coda alla Vaccinara, Crostini und Supplì.*

## DIE GESCHICHTE DES GERICHTS

Es ist eine ganz einfache Vorspeise, die alle schätzen und an der man sich nie satt isst. Diese einfache traditionelle Speise kennt viele regionale Varianten und wird heute auf die fantasiereichsten Arten bereichert. Wichtig ist natürlich, dass das Öl von guter Qualität ist.

## ZUBEREITUNG

Das Brot rösten, wenn möglich über Holzfeuer. Dann den Knoblauch auf jede Brotscheibe reiben, die Scheiben auf einer warmen Platte anrichten, mit Salz und großzügig mit Öl würzen.
Sehr geschätzt ist die Variante mit Tomaten: jede Scheibe mit nicht zu reifen gewürfelten, mit Salz und zerkleinertem Basilikum angemachten Tomaten belegen.

## DIE WEINEMPFEHLUNG

### TERRACINA (DOC)

Der erst vor Kurzem mit dem DOC-Gütesiegel ausgezeichnete Muskateller von Terracina (oder kurz: Terracina) ist antiker und nobler Herkunft. Er wurde nämlich in den Ländern der Magna Graecia von Kolonisten aus Ionien und Samos eingeführt. Und sein großartiger Ertrag entlang der pontinischen Küste des Latiums wurde bereits von Homer gerühmt, der den berauschenden Wein anspricht, mit dem die Zauberin Kirke ihre Gäste entzückte. Heute entbietet sich dieser blumige und frische Wein aufgrund seiner perfekten Verbindung zwischen Süß und Herb in den Versionen Spumante, trocken, lieblich und Likörwein: ein idealer Begleiter von der Vorspeise bis zum Dessert.

# Crostini con mozzarella e alici

*mit Mozzarella und Sardellen überbackene Weißbrotscheiben*

› 250 g Mozzarella; 100 g Butter
› 12 in Quadrate von etwa 5 cm Seitenlänge geschnittene
  Scheiben Stangen- oder Bauernbrot
› 8 gewässerte Sardellen- oder Anchovisfilets
› Milch, Salz und Pfeffer qu.s.

 MITTEL      LEICHT

## DIE KÜCHE DER ALTEN RÖMER

Die alten Römer kannten drei Hauptmahlzeiten.
Am Morgen nahmen sie ein frugales Frühstück (ientaculum) mit Brot und Käse zu sich. Mittags verzehrten sie meist im Stehen ein leichtes Mahl (prandium) aus Brot, kaltem Fleisch, Obst und Wein. Die Hauptmahlzeit war das Abendessen (coena), das zwischen 15 und 16 Uhr begann und sich bis zum Morgengrauen des nächsten Tages hinziehen konnte. Das Abendessen gliederte sich in drei Teile: Vorspeisen und Häppchen (gustatio), das eigentliche Abendessen (pimae mensae) mit gewöhnlich sieben Gängen und die secundae Mensae, d.h. das Dessert. Der Abend ging dann mit dem Symposium weiter, bei dem der Ausschank des stets mit Wasser versetzten Weins von Speisen begleitet wurde, um den Durst anzuregen.
Die "Hauptgerichte" waren auf Fleischbasis, vorwiegend Schweinefleisch, aber es waren auch Geflügelfleisch und größeres Wild geschätzt, wie Wildschwein und Hirsch. Eines der Hauptcharakteristiken der römischen Küche war die Kombination von entgegengesetzten Geschmacksrichtungen (wie scharf und mild). Heute rümpfen wir die Nase bei diesen Rezepten, die auf uns gekommen sind, wie mit Honig, Likörwein, Fischsauce, Öl und Eiern gekochte Birnen, die an den raffiniertesten Tafeln serviert wurden.

## DIE GESCHICHTE DES GERICHTS

Das Originalrezept dieses köstlichen
Gerichts sieht anstelle der Mozzarella die
Verwendung der "Provatura" vor. Dabei
handelt es sich um einen früher im
Latium und in Kampanien verbreiteten
Weißkäse, der das Produkt einer Vorstufe
bei der Herstellung der Mozzarella ist.
Sie ist nämlich, wie der Name sagt, ein
Teil der entnommenen Masse, um zu
probieren, ob die Konsistenz und die
Fädigkeit so weit fortgeschritten sind,
dass der Reifegrad der Mozzarella richtig
ist. Es ist nicht einfach, sie zu
bekommen, es sei denn bei
Kleinerzeugern.

## ZUBEREITUNG

Die Mozzarella in 12 dickere Scheiben
schneiden und mit Salz und Pfeffer würzen.
Abwechselnd die Brot- und Mozzarellascheiben
auf Spießchen ziehen und bei 200° in den Ofen
schieben. Inzwischen die Butter in einer kleinen
Pfanne auf kleiner Flamme schmelzen, die
Sardellen dazugeben und umrühren, bis sie
aufgelöst sind. Bei Bedarf ein bisschen Milch
hinzufügen, damit eine Creme entsteht. Wenn
das Brot knusprig und die Mozzarella gut
geschmolzen ist, die Spießchen herausnehmen
und mit der Sardellencreme übergießen.
Gut warm essen.

## DIE TYPISCHEN RESTAURANTS

### SAN MICHELE

› Lungotevere Ripa, 7 (Ripa Grande)
› Tel.: 06 5844826
› geschlossen: Sonntag
› Durchschnittspreis (ohne Getränke): Euro 30,-

*Von Rom verzaubert hat Michelle, die Gattin des Präsidenten Obama, im San Michele, einer typischen römischen Trattoria am Lungotevere Ripa gegenüber der Porta Portese, zu Abend gegessen. Das Restaurant mit Pizzeria "San Michele" scheint mit seiner großen Gartenterrasse ein Wintergarten zu sein, um die traditionellen Gerichte im Freien zu genießen, ohne den Smog des städtischen Verkehrs einatmen zu müssen.*
*Spezialität: Fiori di Zucca*

# Fiori di zucca fritti

*Frittierte Zucchiniblüten*    MITTEL

  MITTEL

› 600 g gerade aufblühende Zucchiniblüten
› 6 gewässerte Sardellenfilets
› 150 g Mozzarella
› 100 g Mehl
› 2 Eiweiß
› Petersilie, natives Olivenöl und Salz qu.s.

## DIE GESCHICHTE DES GERICHTS

In der reichhaltigen Tradition der für die Region typischen Frittüren hebt sich dieses überaus köstliche Gericht hervor, das – im Unterschied zu anderen – nur im Frühjahr angeboten wird und seine Füllung veredelt.

## ZUBEREITUNG

Einen Teig aus 1 Glas Wasser, Mehl, ein wenig Salz und 2 Löffel Öl zubereiten: er muss ziemlich dickflüssig sein und soll eine knappe Stunde ruhen. Dann die Füllung vorbereiten: dafür die gewürfelte Mozzarella, die gestückelten Sardellen und gehackte Petersilie vermischen. Die Blüten vorsichtig öffnen, ein wenig Füllung hineingeben und wieder schließen. Das Eiweiß schneeig schlagen und in den Teig heben, dann die gefüllten Blüten darin wenden; mit einem Löffel vorsichtig herausnehmen, in eine Pfanne mit heißem Öl geben und auf beiden Seiten bräunen. Die Frittüre mit einem Frittiersieb herausnehmen und vor dem Servieren auf saugfähigem Küchenpapier trocknen lassen.

## DIE WEINEMPFEHLUNG

### CERVETERI (DOC)

Das Anbaugebiet ist der hügelige Küstenstreifen Tusziens im Norden Roms, in der Antike das Land der Etrusker. Zahlreiche archäologische Zeugnisse belegen, dass der Weinbau in diesem Gebiet für die Wirtschaft der Etrusker von großer Bedeutung war. Der Weißwein passt zu Fischgerichten, Saubohnen und Artischocken, sowie frischem Käse; der Rotwein empfiehlt sich zu Wurstaufschnitt, Vorspeisen mit würzigen Soßen, mariniertem Teufelshähnchen, gegrilltem oder gebratenem Zicklein und Hammel, Braten und Lamm nach Jägerart; der Rosé ist ein Wein für alle Speisen und mundet am besten mit Wurstaufschnitt, Suppen, wenig gelagertem Käse, frittierten Zucchiniblüten und Eierspeisen.

# Panzerotti alla Romana

*Teigtaschen nach römischer Art*

- › 300 g Mehl
- › 120 g Scamorza (oder Gruyére)
- › 70 g gekochter Schinken (wahlweise) gewürfelt
- › 3 Eier; 50 g Butter
- › natives Olivenextra und Salz qu.s.

 MITTEL     LEICHT

## DIE GESCHICHTE DES GERICHTS

Sie sind ausgezeichnet als Vorspeise oder Imbiss und können je nach Geschmack und spontanen Ideen variiert werden..

## ZUBEREITUNG

Eine Mulde in das Mehl drücken und in die Mitte das Eigelb geben, das Eiweiß beiseitelassen. Die Butter in kleinen Stücken, etwas Salz und ein wenig Wasser hinzufügen, und dann die Mischung zu einem festen und homogenen Teig kneten. Den Teig zu einer Kugel formen, mit einem Tuch bedecken und eine halbe Stunde ruhen lassen. Nun den Teig zu mittlerer Dicke ausrollen und Rondelle (zwischen 8 und 12 cm Durchmesser) ausstechen. In die Mitte den gewürfelten Käse legen, eventuell den Schinken hinzufügen und mit einer Prise Salz würzen. Den Rand der Scheiben mit dem geschlagenen Eiweiß bestreichen, anschließend den Teig zu einem Halbmond zusammenklappen und die Ränder gut zusammendrücken. Die Teigtaschen schließlich in reichlichem heißem Öl frittieren, bis sie auf beiden Seiten goldbraun sind.

DIE TYPISCHEN RESTAU-
RANTS

## IL FALCHETTO

› Via dei Montecatini, 12/14
(Trevi- Brunnen)
› Tel.: 06 5844826
› geschlossen: Freitag
› Durchschnittspreis (ohne
Getränke): Euro 30,-

*Nachdem man eine Münze
in den Trevi-Brunnen gewor-
fen und das Schicksal da-
rum angegangen hat, wieder
nach Rom zurückkehren zu
können, lohnt es sich, dort
eine Pause einzulegen und
im Falchetto zu essen. Das
Lokal besteht aus einem großen Saal und zwei angren-
zenden kleineren
Gasträumen, und in der
schönen Jahreszeit stehen
auch ein paar Tischchen im
Freien. Dort kann man bei
typischen Weinen alle klassischen Gerichte der römischen Küche kosten.
Spezialität: Trippa*

# Supplì di riso

*Reiskroketten*

› 300-400 g Reis
› 500 ml Fleischsauce; 1-3 Eier
› 40 g geriebener Parmigiano
› 1 kleine Kugel Mozzarella
› Mehl (nach Wahl), Paniermehl, natives Olivenöl extra qu.s.

MITTEL      MITTEL

## DIE GESCHICHTE DES GERICHTS

In seiner Zubereitung ähnelt es dem sizilianischen Reis-Arancino. Es ist bei allen sehr beliebt und wird "Supplì al telefono" genannt, weil die Mozzarella, wenn man es teilt, zwischen den beiden Stücken Fäden ziehen muss. Das ursprüngliche Rezept wird in der Füllung mitunter um Erbsen oder Stückchen gekochter Schinken bereichert.

## ZUBEREITUNG

Den Reis mit einer Soße auf der Basis von fein gehackten Gewürzkräutern und Hackfleisch oder gehackter Hühnerleber zubereiten; je nach Geschmack kann der Reis gekocht und mit dieser Soße gemischt werden: in beiden Fällen ist es wichtig, dass der Reis recht körnig ist. Den Reis auch mit dem Parmigiano würzen und, wenn der Reis etwas abgekühlt ist, ein verschlagenes Ei unterziehen. Aus dem Reis ovale Klößchen formen, jeweils in die Mitte ein Stück Mozzarella drücken. Für das Frittieren bestehen zwei Möglichkeiten: die einfachere ist, jedes Supplì vorsichtig im Paniermehl zu wenden, die andere sieht dagegen vor, sie zuerst im Mehl zu wenden, dann im verschlagenen Ei und schließlich im Paniermehl. Stets nur wenige Supplì auf einmal in einer Pfanne mit hohem Rand in heißem Öl frittieren und sie vorsichtig nur einmal wenden. Sie werden mit der noch Fäden ziehenden Mozzarella sehr heiß serviert.

# ERSTE GÄNGE

Die ersten Gänge der römischen Tradition spiegeln vollkommen die Vorliebe für geschmacksintensive Gerichte wider, die für die Bevölkerung des Latium charakteristisch ist.

Sehr nahrhafte Suppen – klassische auf Gemüsebasis oder völlig originelle, wie die in der Pasta und Broccoli vorgeschlagene ungewöhnliche und sehr gelungene Verbindung mit Arzilla (Nagelrochen) – stehen neben appetitanregenden schnellen Spaghetti – oder Nudelgerichten oder Nudelgerichten, die man mit ausgezeichneten auf Fleischbasis zubereiteten Soßen erhält.

Die delikateren Geschmacksrichtungen, wie in den Fettuccine alla "Papalina" oder in den Gnocchi di Semolino (Grießklößchen) fehlen zwar nicht, aber die kräftigen Zugaben herrschen sicherlich vor: wie die haltbar gemachten Schweinefleischvarianten (Bauchspeck, durchwachsener Bauchspeck, Schweinsbacke), die intensiven Aromen von Knoblauch und Peperoncino und vor allem der den ausgeprägten letzten Schliff gebende unverwechselbare Pecorino romano, ein – heute mit dem Gütesiegel DOP geschützter – pikanter Käse aus reiner Schafsmilch, der seit den Zeiten des römischen Kaiserreichs auf dem Ager Romanus erzeugt wird.

# Bucatini all'Amatriciana

*Bucatini nach Amatrice-Art*

› 500 g Bucatini
› 125 g Schweinsbacke
› 1 EL natives Olivenöl extra
› ein Schuss trockener Weißwein
› 6 oder 7 San Marzano-Tomaten oder
  400 g geschälte Tomaten
› 1 Stückchen Peperoncino
› 100 g geriebener Pecorino
› Salz qu.s.

## DIE GESCHICHTE DES GERICHTS

*Das sanfte Schaf und das gute Schwein schenkten zusammen Käse und Schweinsbacke... (C. Baccarà).*

Mit diesen beiden einfachen Zutaten haben die Schäfer der Abruzzen seit jeher ihr frugales und nahrhaftes Nudel-Eingängegericht gewürzt. Amatrice, die liebliche, heute in der Provinz Rieti, früher in der Provinz L'Aquila gelegene kleine Abruzzen-Stadt der Alta Sabina (Sabiner Berge) hat aus diesem einfachen Rezept eines der berühmtesten Gerichte der italienischen Küche kreiert. Sicher, denn dieses antike Rezept ist in Amatrice mit der Tomate zusammengetroffen. Das war kein Zufall. Die Spanier machten die Stadt am 28. Februar 1529 dem Erdboden gleich; seither gehörte Amatrice zum Königreich Neapel. Als Ende des 18. Jahrhunderts die Neapolitaner als eine der ersten in Europa die großen Vorzüge der Tomate erkannten, hatten auch die Einwohner von Amatrice die Gelegenheit, sie schätzen zu lernen, und in einer glücklichen Eingebung fügten sie sie zu Pecorino und Schweinsbacke hinzu. Damit schufen sie eine köstliche und brillante Soße für das Nudelgericht, dessen Ruf die Landesgrenzen überschritt und sich auch in der internationalen Küche durchsetzte.

## ZUBEREITUNG

Das Öl, den Peperoncino und die in kleine Stücke geschnittene Schweinsbacke in eine, wenn möglich gusseiserne Pfanne geben. Das Verhältnis von 1 zu 4 in Bezug auf die Nudeln entspricht der Tradition und ist den Experten heilig. Nur wenn man die Schweinsbacke, d.h. das Backenfleisch des Schweins, verwendet, sind es Bucatini all'Amatriciana, denn damit erhalten sie ihre Milde und unübertrefflichen Geschmack. Scharf anbraten, den trockenen Weißwein hinzufügen. Die Schweinsbackenstücke aus der Pfanne nehmen, gut abtropfen lassen und warm halten. So vermeidet man, dass sie zu trocken und salzig werden, und sie bleiben weicher und schmackhafter. Die in Streifen geschnittenen, entkernten Tomaten (besser vorher abbrühen, so lässt sich die Haut einfacher abziehen, und dann schneiden) dazugeben. Mit Salz abschmecken, umrühren und ein paar Minuten kochen. Den Peperoncino entfernen, die Schweinsbackenstücke hinzufügen und noch etwas salzen. In der Zwischenzeit die Nudeln in reichlichem gesalzenem Wasser gut bissfest kochen. Die Pasta gut abtropfen lassen, in eine Schüssel geben und mit dem geriebenen Pecorino überstreuen. Ein paar Sekunden warten und dann mit der Soße übergießen. Durchmischen und, wenn man es möchte, noch etwas Pecorino dazugeben.

## DIE TYPISCHEN RESTAURANTS

## DER PALLARO

› Largo del Pallaro, 15 (Corso Vittorio)
› Tel.: 06 68801488
› geschlossen: Montag
› Durchschnittspreis (ohne Getränke): Euro 25,-

*Nach der Besichtigung der schönen Kirche S. Andrea della Valle ist ein Halt in der Trattoria "Der Pallaro" beinahe ein Muss. Ein klassisches römisches Lokal, das mehr auf Menge als auf Qualität achtet und in dem das Menu festgelegt ist und man, ohne zu bestellen, das isst, was es gibt.*
*Das Lokal ist einfach und spartanisch, mit einem formlosen und höflichen Service, die Gerichte sind einfach und traditionell, ausschließlich selbst gemacht, und der Wein ist der Hauswein.*
*Spezialitäten: Amatriciana, Carbonara, Gricia und Puntarelle*

# Fettuccine alla Papalina

*Fettucine nach päpstlicher Art*

› 400-500 g Frischei-Fettuccine
› ½ Zwiebel, in dünne Scheiben geschnitten
› 200 ml Kochsahne
› 100 g roher Schinken, gewürfelt; 3 Eier
› 200 g enthülste Erbsen (auch tiefgefroren)
› 100 g geriebener Parmigiano Reggiano
› Butter, Salz und Pfeffer qu.s.

 MITTEL     LEICHT

## PASTA, AMERIKA UND VIP

*200 Jahre sind vergangen, seit Thomas Jefferson die Pasta in die Vereinigten Staaten gebracht hat, als er sich aus Neapel eine Presse schicken ließ, um Maccheroni herzustellen. Und 161 Jahre seit der Eröffnung der ersten Nudelfabrik in Brooklyn durch einen italienischen Emigranten. Heute ist die Pasta, das Symbol Italiens in der kollektiven Vorstellungswelt, ein auf der ganzen Welt geschütztes Gericht, das am World Pasta Day, der Veranstaltung, die den Wert der Symbolkost der Mittelmeer-Diät rühmt, gefeiert wird, das nunmehr aber in den Küchen der fünf Kontinente zuhause ist. Die Pasta ist ein typischer Bestandteil der römischen Küche und wird in schmackhaften, auch leckeren oder etwas besonderen Gerichten zubereitet, denen niemand widerstehen kann, nicht einmal die Hollywood-Stars. Und dies bezeugen die Restaurants, in denen sie jedes Mal Stammgäste sind, wenn sie nach Rom kommen: Tom Hanks und Robert De Niro sind verrückt nach der Carbonara, die ehemalige First Lady Laura Bush, Hugh Grant und Penelope Cruz finden die Spaghetti Cacio e Pepe unwiderstehlich, während Leonardo DiCaprio einer Amatriciana nicht widersteht.*

## DIE GESCHICHTE DES GERICHTS

Dieses Gericht hat gesicherten historischen Ursprung: es wurde nämlich in den 30er Jahren von einem Koch im volkstümlichen Viertel Borgo kreiert, um den Vorlieben des Kardinals Pacelli, des späteren Papstes Pius XII., entgegenzukommen. So entstand mit üppigeren und feineren Zutaten und von milderem Geschmack diese "aristokratische" Variante der typischen Pasta alla Carbonara. Puristen behaupten, dass im Originalrezept die Erbsen nicht vorgesehen waren, aber sie stören überhaupt nicht, schaffen eine hübsche ästhetische Wirkung und die Gewohnheit hat sie schon lange zu einem festen Bestandteil gemacht.

## ZUBEREITUNG

Die Butter in einer auf mäßige Hitze erwärmten Pfanne schmelzen; die Zwiebel, den Schinken und nach ein paar Minuten die Erbsen hinzufügen. Salzen und etwa 10 Minuten kochen lassen, dann die verschlagenen Eier und den Parmigiano dazu geben, das Ganze rasch ohne Wärmezufuhr vermengen. In der Zwischenzeit die Fettuccine kochen, gut abtropfen lassen und zusammen mit der Kochsahne in die Pfanne geben; vermischen, dabei das Ganze mit frisch gemahlenem Pfeffer überstreuen und servieren.

# Gnocchi di patate

*Kartoffelgnocchi*

› 2 kg mehlige Kartoffeln
› 40 g durchgesiebtes Mehl
› ½ l Fleischsoße (oder auch eine
   einfache Soße mit Zwiebel und Tomate)
› 120 g geriebener Parmigiano; Salz qu.s.

## ZUBEREITUNG

Die ganzen Kartoffeln kochen, diese, sobald sie abgekühlt sind, schälen und durch die Kartoffelpresse drücken. In das noch lauwarme Kartoffelpüree das Mehl untermischen; man erhält so einen kompakten Teig, der delikat und weich ist.
Den Teig in Stücke teilen und mit den mehlbestäubten Händen etwa 2,5 cm dicke Teigstränge formen; diese dann in etwa 3 cm lange Stücke teilen und nach und nach mit dem Zeige- und Mittelfinger in der Mitte leicht zusammendrücken. Die vorbereiteten Gnocchi auf ein mit Mehl bestäubtes Tuch so nebeneinander legen, dass sie sich nicht berühren. Der Kartoffelteig sollte erst im letzten Augenblick zubereitet werden, da er leicht feucht wird. Die Gnocchi in eine breite Kasserolle mit gesalzenem reichlichem kochendem Wasser

geben und sie, wenn sie auftauchen, mit einem Schaumlöffel entnehmen, gut abtropfen lassen und auf einer Platte anrichten; mit ein paar Löffel Parmigiano überstreuen und mit der Hälfte der Soße übergießen. Heiß servieren und den Rest der Soße und des Parmigiano dazu reichen.

## DIE WEINEMPFEHLUNG

### APRILIA (DOC)
Er ist ein recht junger DOC aus der Gegend von Aprilia in der Provinz Latina und seinem direkten Umland. Die dortigen Böden sind vorwiegend vulkanischen Ursprungs und Schwemmland.
Der Merlot ist ideal zu ersten Gängen mit intensiven Geschmacksrichtungen (Gnocchi nach römischer Art, Bucatini alla Carbonara, Fleischsoßen), weißen und roten Fleischgerichten und abgelagerten Käsesorten; der Sangiovinese eignet sich für kräftige und scharfe Geschmacksrichtungen und Pilzgerichte; der Trebbiano empfiehlt sich zu Fischgerichten, Krustentieren und Meeresfrüchten, sowie Gemüse.

## DIE TYPISCHEN RESTAURANTS

## TRATTORIA ZAMPAGNA
› Via Ostiense, 179 (St. Paul vor den mauern)
› Tel.: 06 5742306
› geschlossen: Sonntag und während der Woche mittags
› Durchschnittspreis (ohne Getränke): Euro 25,-

*Die Trattoria Zampagna hinter der Basilika St. Paul vor den Mauern ist die klassische Trattoria von damals: die Ausstattung besteht aus wenigen mit Papier gedeckten Tischen, das Ambiente ist herzlich und freundlich, die Speisekarte wird mündlich vorgetragen und die angebotenen Gerichte stehen in der klassischen römischen Tradition, die auch dem 'Zeitplan' treu geblieben ist (donnerstags Gnocchi, freitags Baccalà, samstags Trippa). Spezialitäten: Baccalà, Cacio e Pepe, Carbonara, Coda alla Vaccinara, Gnocchi, Gricia, Involtini und Trippa*

› SYNAGOGE

# Gnocchi di semolino alla Romana

*Grießgnocchi nach römischer Art*

› 200 g Grieß
› 1 knapper l Milch
› 2 Eier
› 120 g geriebener Parmigiano
› Butter und Salz qu.s.

 MITTEL       LEICHT

## DIE GESCHICHTE DES GERICHTS

Ein sehr einfaches Gericht, dessen hauptsächlicher Reiz die duftige dünne Butter- und Käsekruste ist.

## DIE TYPISCHEN RESTAURANTS

### SORA MARGHERITA

› Piazza delle Cinque Scole, 30 (Portikus der Octavia)
› Tel.: 06 6874216
› geschlossen: Sonntag – im Sommer abends von Montag bis Freitag, im Winter mittags von Montag bis Donnerstag
› Durchschnittspreis (ohne Getränke): Euro 30,-

*"Sora Margherita" ist eine einfache Trattoria, in der die Zeit stehen geblieben zu sein scheint: die Atmosphäre dieses im Herzen des Ghettos bei der Synagoge gelegenen Lokals ist wirklich die von damals, ebenso die Speisekarte, die alle römischen und hebräischen gastronomischen Traditionen rigoros respektiert.*
*Spezialität: Abbacchio, Aliciotti con Indivia, Cacio e Pepe, Carciofi, Coratella, Crostata di Ricotta, Fiori di Zucca, Gnocchi di Semolino, Pasta e Broccoli con Arzilla und Trippa*

## ZUBEREITUNG

Die gesalzene Milch zum Kochen bringen, den Grieß einstreuen und gut 10 Minuten ununterbrochen rühren. Vom Herd nehmen, 30 g Butter, 1 EL Parmigiano und die 2 Eier dazugeben und unterrühren. Dann den Grieß auf eine Marmorplatte (oder etwas Ähnliches) gießen und gut abkühlen lassen. Den Grieß nun in möglichst viele Rauten mit etwa 4 cm Seitenlänge schneiden. Ein Backblech mit Butter ausstreichen, die mit Parmigiano überstreuten Grießschnitzel darauf auslegen und schließlich in Schichten die stets mit dem Käse überstreuten Grießrauten. Zum Abschluss 60 g Butter schmelzen, darüber gießen, wieder mit dem Käse überstreuen und in den vorgewärmten Ofen (200°) schieben. Backzeit: bis die Grießgnocchi schön goldbraun geworden sind.

## DIE WEINEMPFEHLUNG

### VELLETRI (DOC)

Er wächst im Umland der kleinen Stadt Velletri im südlichsten Teil der Albaner Berge bis hin in die Gegend von Cisterna di Latina. Dies galt stets als ein Weinbaugebiet für hochwertige Reben, und zwar seit römischer Zeit: Plinius der Ältere beschrieb die Methoden des dortigen Weinanbaus in allen Einzelheiten. Im 16. Jahrhundert kam von dort der meistgetrunkene Wein in Rom. Der Weißwein ist ideal zu Vorspeisen, Gnocchi alla Romana, ersten Gängen auf Fischbasis, Artischocken, Porchetta (gebratenes Spanferkel), Omeletts und frischen Käse; der Rotwein ist geschmeidig und eignet sich zu allen Speisen. Die Schaumweinvarianten empfehlen sich zum Aperitif, zu delikaten Vorspeisen oder zum Abschluss des Essens.

# Pasta e broccoli con l'arzilla (razza)

## *Pasta und Broccoli mit Arzilla (Nagelrochen)*

 MITTEL

 MITTEL

› 1 frischer Nagelrochen von etwa 1 kg
› 300 g Spitzen von römischen Broccoli
› 200 g Tomatenfleisch
› 1 Zwiebel
› 2 Knoblauchzehen
› 4 gewässerte Sardellenfilets
› ½ Glas trockener Weißwein
› 200 g durchgebrochene Spaghetti
› natives Olivenöl extra, scharfer Peperoncino, gehackte Petersilie und Salz qu.s.

### DIE GESCHICHTE DES GERICHTS

Eine in ihren Zutaten originelle Suppe, kräftig im Geschmack und von hohem Nährwert.

### ZUBEREITUNG

Den gut geputzten Nagelrochen in einen Topf legen, diesen mit gesalzenem Wasser füllen, Knoblauch Zwiebel und gehackte Petersilie dazugeben. Zum Wallen bringen und 10 Minuten kochen lassen. Den Nagelrochen herausnehmen und filetieren, die Filets auf die Seite legen, den Rest in die Brühe zurückgeben und sie noch eine Viertelstunde weiterkochen lassen. Dann die Brühe filtern. In einer kleinen Pfanne die Sardellenfilets mit einer Knoblauchzehe und Petersilie anbräunen; nach ein paar Minuten den Wein hinzufügen und verdampfen lassen; anschließend alles zusammen mit den Broccolispitzen in die Brühe geben. 6-7 Minuten kochen lassen, die Pasta hinzufügen und zu Ende kochen.

### DIE WEINEMPFEHLUNG

MONTECOMPATRI COLONNA (DOC)
Er wächst in einer Gegend, die noch zum "Vulkan des Latiums" gehört, wo sich die antike Stadt Labicum erhob; die Weinberge sind die der Gemeinde Colonna und zum Teil die der umliegenden Ortschaften der Provinz Rom. Die Anlagen müssen in hügeligem Gelände liegen, das 480 m ü.d.M. nicht überschreiten darf. Der Wein ist trocken und zu allen Speisen geeignet; sehr gefällig begleitet er Vorspeisen auf Eibasis, Nudelgerichte mit Fisch- oder Meeresfrüchtesoßen, Fisch und Gemüse, vor allem Artischocken nach römischer oder jüdischer Art, Omeletts und Meeresfrüchte in Suppe. Wenn er lieblich oder süß ist, ist er ideal zu Desserts.

> TREPPENAUFGANG IN DEN VATIKANISCHEN MUSEEN

DIE TYPISCHEN RESTAURANTS

## BIBI E ROMEO

- › Via della Giuliana, 87-89 (Prati)
- › Tel.: 06 39735650
  info@bibieromeo.it
  www.bibieromeo.it
- › geschlossen: Samstag mittags und Sonntag
- › Durchschnittspreis (ohne Getränke): Euro 30,-

Nach dem Besuch der Vatikanischen Museen empfiehlt es sich, im Viertel Prati zu bleiben, um die einfache, aber geschmackvolle Küche des Restaurants Bibi & Romeo zu genießen. Die Gerichte sind die der römischen Tradition, es gibt aber auch eine reichhaltige Fischkarte. Der Weinkeller ist vorzüglich bestückt und enthält über 100 Weine aus ganz Italien.
Spezialitäten: Abbacchio, Amatriciana, Cacio e Pepe, Coda alla Vaccinara, Crostata di Ricotta, Gricia, Pasta e Broccoli con l'Arzilla, Pollo con i Peperoni, Rigatoni con la Pajata und Trippa

# Pasta e ceci

## *Kichererbsen-Suppe mit Nudeln*

- › 500 g bereits eingeweichte Kichererbsen
- › 4 Sardellenfilets in Öl
- › 2 Knoblauchzehen
- › 200 g Cannolicchi (oder Ditalini) (= Suppennudeln)
- › Rosmarin, natives Olivenöl extra, Salz und Pfeffer qu.s.

 LANGE     LEICHT

### DIE GESCHICHTE DES GERICHTS

Das traditionelle Gericht für Fastentage wird noch heute häufig am Freitag angeboten, dem Tag, an dem man die bereits eingeweichten Kichererbsen in zahlreichen "Pizzicherie" (kleine Lebensmittelgeschäfte mit Wurstwaren) erhält. Es ist eine vorzügliche stärkende Suppe.

### ZUBEREITUNG

Die Kichererbsen mit einem Ästchen Rosmarin und 1 Knoblauchzehe in ausreichendem gesalzenem Wasser zum Wallen bringen. Während der langen Garzeit (etwa 2 Stunden) in einem Pfännchen mit etwas Öl die gehackten Sardellenfilets zusammen mit 1 Knoblauchzehe und einem Ästchen Rosmarin schmoren. Dieses dann entfernen und den Rest zur inzwischen köchelnden Kichererbsenbrühe hinzufügen. Auch aus dieser das Rosmarinästchen entfernen und die Pasta dazu geben.

## DIE TYPISCHEN RESTAURANTS

## SETTIMIO AL PELLEGRINO

- › Via del Pellegrino, 117 (Piazza Farnese)
- › Tel.: 06 68801978
- › geschlossen: Mittwoch
- › Durchschnittspreis (ohne Getränke): Euro 30,-

*Settimio ist eine Trattoria mit einer Küche nach Hausfrauenart, in der der Wirt, nachdem er seine Gäste an den Tisch begleitet hat, ihnen mündlich die Speisekarte vorträgt, die dem Tageseinkauf entsprechend variiert. Die Atmosphäre ist familiär und die Küche einfach, aber die Gerichte sind sorgfältig und mit hochwertigen Zutaten zubereitet. Die Trattoria liegt in unmittelbarer Nähe des Palazzo Farnese.*
*Spezialitäten: Gnocchi, Involtini, Pasta e Ceci und Trippa*

CESANESE
DI OLEVANO ROMANO (DOC)
Er wächst in der Ciociaria, der
Vorapenninlandschaft zwischen
Rom und Frosinone, auf dem
Gebiet der Gemeinde Olevano
und teilweise auf dem von
Genazzano. Die Weinberge
liegen auf Böden in höheren
Lagen, die vorwiegend aus
kalkhaltigem Ton mit Spuren
felsigen Bodens bestehen. Er
schmeckt zu Wurstaufschnitt,
Fettuccine, ersten Gerichten mit
Fleischsoßen, Reisgerichten und
Gemüsesuppen, Schweine-
Fegatelli (Leberspießchen) vom
Grill und anderen
Schweinefleischgerichten,
geschmorten Kutteln, Geflügel
und gebratenem Hasen,
Pecorino romano und anderen
gelagerten Käsesorten. Die
lieblichen und Schaumwein-
Varianten begleiten Kleingebäck,
Ciambelle (Kranzkuchen),
Mürbteigkuchen und das
traditionelle trockene Gebäck.

## RENATO E LUISA

› Via dei Barbieri, 25 (Largo Argentina)
› Tel.: 06 6869660
  info@renatoeluisa.it - www.renatoeluisa.it
› geschlossen: Montag und täglich mittags
› Durchschnittspreis (ohne Getränke): Euro 40,-

*Nur wenige Schritte vom Largo Argentina und dem Schildkrötenbrunnen entfernt liegt in einer ruhigen Seitengasse die Taverne "Renato e Luisa".*
*Das Ambiente ist herzlich und gemütlich, die Pasta, das Brot und die Desserts sind ausschließlich hausgemacht, die Speisekarte umfasst Gerichte der römischen Tradition und schmackhafte Fischgerichte.*
*Spezialitäten: Amatriciana, Carciofi und Saltimbocca*

# Penne alla Puttanesca

 MITTEL

LEICHT

*Penne alla Puttanesca*

› 400 g Penne
› 400 g Tomatenfleisch oder frische Soßentomaten
› 150 g entkernte schwarze Oliven; 2 Knoblauchzehen
› 6 gewässerte Sardellenfilets
› 1 EL gewässerte Kapern; gehackte Petersilie
› Oregano, Peperoncini, natives Olivenöl extra und Salz qu.s.

› SCHILDKRÖTENBRUNNEN – PIAZZA MATTEI

## DIE WEINEMPFEHLUNG

### GENAZZANO (DOC)
Seine Heimat ist das obere Sacco-Tal im östlichen Teil der Monti Prenestini. Dieses nördliche Gebiet der Ciociaria ist wegen seines Klimas, der hügeligen Natur der Landschaft und seines vulkanischen Ursprungs ganz besonders geeignet und garantiert reichlichen Ertrag bei hoher Qualität. Der Weißwein begleitet vorzüglich Fischgerichte und fettarme Vorspeisen; die Schaumweinversion ist ein vorzüglicher Aperitif und verbindet sich gut mit delikaten Gerichten. Der Rotwein ist zu allen Speisen geeignet und ausgezeichnet zu Suppen, Braten aus rotem und weißem Fleisch, Wild und gelagerten Käsesorten.

## DIE GESCHICHTE DES GERICHTS

Den Brauch dieses Gerichts kennen die römische und die neapolitanische Tradition. Für einige sieht nur die römische Variante die Verwendung von Sardellenfilets vor. Und auch der Ursprung des Gerichts wird auf verschiedene und sich widersprechende Anekdoten zurückgeführt. Aber man weiß ja, dass Rezepte von Gaumen zu Gaumen eilen ... Was zählt, ist, dass dieses Gericht einfach zuzubereiten, sehr schmackhaft und für jeden überraschenden Besuch geeignet ist.

## ZUBEREITUNG

Die Sardellen, Kapern und Oliven hacken. Den Knoblauch in einer Pfanne mit etwas Öl andünsten; sobald er Farbe annimmt, entfernen und die vorher gehackten Zutaten dazugeben.
Nach einer Minute die Tomaten (wenn frische Tomaten verwendet werden, diese häuten, die Samen entfernen und in Stücke schneiden) hinzufügen, mit Salz abschmecken und so lange auf großer Flamme kochen lassen und umrühren, bis das Ganze gut eingekocht ist.
Die Penne bissfest kochen, die Soße dazugeben und kurz vor dem Servieren Petersilie und Oregano (fakultativ) hinzufügen.
Manche sautieren die Pasta ein paar Minuten lang in der Pfanne, in der die Soße zubereitet wurde, und fügen eine Schöpfkelle des Kochwassers der Nudeln hinzu.

# Rigatoni con la pajata

*Rigatoni mit Kutteln vom Milchkalb oder - lamm*

- › 400 g Rigatoni
- › 800 g Kutteln vom Milchkalb oder -lamm
- › 50 g Bauchspeck, in Stückchen geschnitten
- › 1 Glas trockener Weißwein
- › ½ Zwiebel, 1 Karotte und 1 fein gehackter Stangensellerie
- › 500g Tomatenfleisch oder geschälte Tomaten, zerkleinert
- › 80 g geriebener Pecorino romano
- › 1 scharfe Peperoncino; ein wenig Petersilie (fakultativ)
- › natives Olivenöl extra, Essig und Salz qu.s.

## DAS FÜNFTE VIERTEL

Die traditionelle römische Küche basiert auf recht einfachen, möglichst reichlichen und sehr schmackhaften Gerichten.
Die Eckpfeiler dieser Küche waren die ersten Gänge, die Nudeln wie die Suppen, und das sogenannte "fünfte Viertel".
Das fünfte Viertel war das, was von einem Rind oder Schaf übrig blieb, nachdem den Wohlhabenden die hochwertigen Teile verkauft worden waren: die zwei Vorder- und die zwei Hinterviertel. Es handelt sich also um all das, was von den Innereien und Abfallprodukten essbar war: Kutteln (der hochwertigste Teil ist die Kaldaune, in Rom auch Cuffia (Haube) genannt), Nieren, Herz, Leber, Milz, Bries (Bauchspeicheldrüse, Thymus und Speicheldrüse), Hirn, Zunge und auch der Schwanz. Vom Schaf nimmt man auch die Coratella, das Geschling, die Gesamtheit der Innereien (Leber, Lunge und Herz). Beim Schwein und Kalb kommen zu dieser Liste die Haxen dazu. Die römischen Köche und Hausfrauen haben mit dem fünften Viertel ein wahrhaftiges gastronomisches Universum geschaffen; einige der berühmtesten römischen Rezepte werden aus dem zubereitet, was früher als das Fleisch der Armen galt: Coda alla Vaccinara (Ochsenschwanzragout), Rigatoni con la Pajata (Rigatoni mit Milchkutteln), Animelle fritte (gebackenes Bries), Testina al Forno (ofengebackener Kalbskopf) und die berühmte Trippa romana (römische Kutteln).

## DIE GESCHICHTE DES GERICHTS

Es ist vielleicht das charakteristischste Gericht der römischen Volkstradition. Es entstand in den Osterien des Testaccio, wo es zusammen mit anderem "Abfall"-Fleisch für die Arbeiter des Schlachthofs hergerichtet wurde, denen es als Teil des Lohns gegeben wurde.
Wegen der Gefahren im Zusammenhang mit dem Phänomen des "Rinderwahns" darf heute der Kalbsdarm nicht verkauft werden; an seiner Stelle werden Lammkutteln verwendet.

## ZUBEREITUNG

Die Haut der Kutteln abziehen (der Metzger Ihres 'Vertrauens' kann dies für Sie tun), sie anschließend spülen, in eine Schüssel geben und mit Essig bespritzen. Nach einer halben Stunde die Kutteln in 15-20 cm lange Stücke schneiden. Viele formen sie gewöhnlich zu einem Kranz und binden sie mit Küchenschnur zusammen, andere lassen die Stücke so, wie sie sind; im ersten Fall bleibt der Inhalt der Kutteln (geronnene Milch) im Innern und macht das Fleisch schmackhafter; im zweiten Fall tritt ein Teil des Inhalts aus und vermischt sich mit der Soße, die so leckerer und cremiger wird.
Entscheiden Sie Ihrem Geschmack entsprechend. Inzwischen den Knoblauch, die Zwiebel, den Stangensellerie, die Karotte und den Bauchspeck fein hacken und alles in einer großen Pfanne in heißem Öl anbraten; nach ein paar Minuten die Milchkutteln dazugeben und schmoren lassen, bis das Fleisch angebräunt ist. Den Wein hinzufügen und verdampfen lassen, dann die Tomaten, Gewürznelke, Peperoncino und Salz dazugeben. Auf kleinster Flamme etwa 3 Stunden köcheln lassen, gelegentlich umrühren und heißes Wasser angießen, wenn es zu trocken wird. Die Rigatoni bissfest kochen, abgießen und in der Pfanne mit der Soße rasch soutieren, dann mit Pecorino überstreuen und, je nach Geschmack, vor dem Anrichten mit der gehackten Petersilie.

## DIE WEINEMPFEHLUNG

### CORI (DOC)

Das Anbaugebiet sind die Monti Lepini in der Provinz Latina und hat eine Größe von etwa 550 ha. Die Hügellandschaft, die landeinwärts Berge beschließen, gibt auf die ausgedehnte pontinische Ebene direkt dem Meer gegenüber, was das Klima milder macht. Die Weinberge bestehen überwiegend aus kleinen Grundstücken, die meistens nach traditionellen Methoden bearbeitet werden, und die Traubenmischung stützt sich auf autochthone Trauben, die geschickt mit anderen bedeutenden nationalen Reben vermischt werden. Der Weißwein passt gut zu Saubohnensuppe, Erbsen und Artischocken, Gemüsesuppen, Spargeln und Meeresgerichten; der Rotwein begleitet vorzüglich kräftige Fleischgerichte, wie im Ofen oder auf dem Grill zubereiteten jungen Hammel oder gebratenes Geflügel. Die lieblichen und süßen Weine empfehlen sich zu Gebäck, Teegebäck und traditionellen Desserts.

# Riso e cicoria

*Reis und Zichorie*

› 500 g bereits geputzte Feldzichorie
› 200 g Tomatenfleisch
› 80 g geriebener Pecorino
› 2 EL gehackter Stangensellerie, Zwiebel und Karotte
› 200 g Reis
› natives Olivenöl extra, Salz und Pfeffer qu.s.

## DIE GESCHICHTE DES GERICHTS

Bis vor nicht allzu langer Zeit geschah es recht häufig, dass man an den Landstraßen die "Ciociare" sah, meist ältere Frauen, die mit dem Auge die Wiese absuchten, um die kleinen Pflanzen der Wildzichorie zu entdecken und reichlich sammelten. So entstehen aus einem von Haus aus armen "Sammel"-Produkt eine Reihe recht wohlschmeckender Gerichte auf Gemüsebasis.

## ZUBEREITUNG

Die Zichorie in gesalzenem Wasser kochen, abtropfen lassen, ausdrücken und klein schneiden. Das Gehackte in einer großen Pfanne anbraten, die Tomaten, Salz und Pfeffer dazugeben und unter Umrühren 5 Minuten kochen.
Nun die Zichorie und den Reis hinzufügen, nach einem ersten Anschmoren ½ l heißes Wasser (oder Brühe) dazu gießen und bis zum Garen des Reises weiterköcheln lassen.
In Suppentellern anrichten und mit Pecorino überstreuen.

## DIE WEINEMPFEHLUNG

### CASTELLI ROMANI (DOC)

Das Gebiet der Albaner Berge ist seit der Antike das bedeutendste Weinbaugebiet des Latium; das Gebiet ist vulkanischen Ursprungs und wegen der besonderen Beschaffenheit des Bodens, der reich an Kalisalzen und Phosphor ist, und auch wegen des durch die beiden Seen und die Nähe des Meers milden Klimas geradezu dazu berufen. Der Castelli Romani DOC wächst in 20 Gemeinden der Provinz Rom und in einigen angrenzenden Gemeinden der Provinz Latina.
Der Weißwein passt gut zu Nudelsuppen, ersten Gängen auf Fischbasis und Reisgerichten mit Gemüse; der Rotwein eignet sich zu Braten aus rotem Fleisch oder vom Grill oder zu Geflügel und Hase nach Jägerart; der Rosé schmeckt zu allen Speisen.

› MARKT AN DER PORTA PORTESE

## DIE TYPISCHEN RESTAURANTS

# OSTERIA FERNANDA

› Via Ettore Rolli, 1 (Porta Portese)
› Tel.: 06 5894333 - www.osteriafernanda.com
› geschlossen: Samstag mittags und Sonntag
› Durchschnittspreis (ohne Getränke): Euro 35,-

"Porta Portese, was hast du mehr?" sang Claudio Baglioni, und gewiss kann man nicht mehr haben, wenn man nicht im Restaurant Fernanda mit seinem gemütlichen, informellen Ambiente Halt macht. Das Fernanda orientiert sein Angebot an einer römischen und mediterranen Küche, in der klassische und neu interpretierte Gerichte stets in delikater und einfacher Art vorgeschlagen werden.
Das Brot, die Pasta und die Desserts sind rigoros hausgemacht.
Spezialitäten: Cacio e Pepe und Gricia

## MASSENZIO

› Largo Corrado Ricci, 2-6 (Kaiserforen)
› Tel.: 06 6790706 - ristorantemassenzio@tiscali.it
› geschlossen: Mittwoch
› Durchschnittspreis (ohne Getränke): Euro 35,-

*Die angrenzenden Trajanischen Märkte und die Foren sind im Restaurant "Massenzio" stilvoll nachempfunden, das seinen Gästen neben den Gasträumen auch einen großen Garten bietet. Die Speisekarte ist den Geschmäcken der römischen Küche und der des Latiums treu, ohne jedoch auf die Kreation von Fischgerichten, seiner Spezialität, zu verzichten. Das Haus bietet – nur mittags – Self-Service, und man kann dort auch eine gute Pizza essen.*
*Spezialitäten: Amatriciana, Baccalà, Bruschetta, Carciofi, Saltimbocca, Supplì*

# Spaghetti aglio, olio e peperoncino

*Spaghetti mit Knoblauch, Öl und Peperoncino*

› 400 g Spaghetti
› 4 geschälte und zerdrückte Knoblauchzehen
› scharfer Peperoncino,
  natives Olivenöl extra und Salz qu.s.

 SCHNELL     LEICHT

› FORUM ROMANUM

## DIE GESCHICHTE DES GERICHTS

Ein überaus einfaches und immer sehr
geschätztes Gericht. Man kann auch bei
leerem Kühlschrank improvisieren, da
das Gericht von seinen Zutaten her aber
ganz einfach ist, sollten die Spaghetti
und das Öl erster Qualität sein.

## ZUBEREITUNG

Während das Wasser für die Spaghetti
heiß wird, den Knoblauch mit dem Öl in
einer Pfanne anschmoren; etwas Salz
einstreuen und leicht anbräunen, ohne
dass der Knoblauch schwarz wird. Den
Peperoncino dazugeben und nach
kurzem Durchrühren vom Herd nehmen.
Die sehr bissfest gekochten Spaghetti
abgießen und in die Pfanne schütten; auf
großer Flamme die Spaghetti im Öl rasch
wenden, einen Tropfen rohes Öl
hinzufügen und servieren. Um dem
Gericht etwas Farbe zu verleihen, ein
wenig gehackte Petersilie darüber
streuen.

> VILLA BORGHESE – UHR AN DER PIAZZA DI SIENA

## DIE TYPISCHEN RESTAURANTS

## MANCOS

› Via Sicilia, 150 (Villa Borghese)
› Tel.: 06 45422888
› geschlossen: Samstag mittags und Sonntag
› Durchschnittspreis (ohne Getränke): Euro 35,-

*Mancos Restaurant ist ein in jeder Hinsicht junges Lokal: es wurde 2006 eröffnet und wird von einem Team dynamischer und herzlicher junger Leute geführt.*
*Frischer Fisch, argentinisches, dänisches und italienisches Fleisch, ein Weinkeller mit besten Weinen und eine gute mediterrane Küche machen das Mancos zu dem idealen Restaurant, wo man nur wenige Schritte von der grünen Oase der Villa Borghese entfernt zu Mittag oder zu Abend essen kann.*
*Spezialitäten: Amatriciana, Cacio e Pepe und Gricia*

# Spaghetti all'Arrabbiata

*Spaghetti all'Arrabbiata*

› 400 g Spaghetti
› 500 g Tomatenfleisch oder geschälte frische Tomaten ohne Samen und gestückelt
› 3 geschälte und zerdrückte Knoblauchzehen
› natives Olivenöl extra, scharfer Peperoncino und Salz qu.s.
› geriebener Pecorino romano und fakultativ gehackte Petersilie

 SCHNELL      LEICHT

## DIE GESCHICHTE DES GERICHTS

Es ist kein Gericht uralter Tradition, aber aufgrund seiner Einfachheit und des appetitanregenden Geschmacks hat es rasch Anklang gefunden und nimmt seit geraumer Zeit einen festen Platz ein. Typisch ist der Brauch, es zu später Stunde als kleine Mahlzeit unter Freunden zu essen. Zu dem Grundrezept, das wir beschreiben, sind im Laufe der Zeit viele Varianten und Individualisierungen gekommen: mit Bauchspeck, Pilzen, schwarzen Oliven, usw.

## ZUBEREITUNG

Reichliches gesalzenes Wasser zum Kochen bringen. In der Zwischenzeit die Knoblauchzehen und den Peperoncino in der Pfanne mit etwas Öl schmoren lassen. Sobald der Knoblauch Farbe anzunehmen beginnt, die Tomaten dazugeben, salzen und auf großer Flamme kochen lassen. Die Spaghetti bissfest kochen und mit der Soße übergießen. Um einen intensiveren Geschmack zu erhalten, kann man die sehr bissfesten Spaghetti abgießen und dann in der Pfanne mit der Soße schwenken. Sollte es willkommen sein, mit gehackter Petersilie und/oder geriebenem Pecorino überstreuen, auch wenn es sich dabei nicht um traditionelle Varianten handelt.

# Spaghetti
# alla Carbonara

*Spaghetti nach Köhlerart*

› 400 g Spaghetti
› 1 Ei und 2 Eigelb
› 120 g gewürfelte Schweinsbacke oder Bauchspeck
› 150 g geriebener Pecorino romano
› natives Olivenöl extra,
  Salz und Pfeffer qu.s.

 SCHNELL   LEICHT

## DIE GESCHICHTE DES GERICHTS

Die Tradition sieht die Verwendung von Rigatoni vor, aber das Rezept ist auch für Spaghetti oder Bucatini geeignet. Wie es bereits der Name sagt, wird die Vaterschaft dieses Rezepts den Carbonari (Köhlern) zugeschrieben, die – in den Wäldern, die früher die Stadt umgaben – mit der Herstellung von Holzkohle beschäftigt waren. Das einfache Rezept, die Verwendung nur von Zutaten, die einfach haltbar sind, und die "Robustheit" im Geschmack und der Kalorien fügen sich gut in diese Hypothese.

## ZUBEREITUNG

Reichliches gesalzenes Wasser für die Spaghetti erhitzen; in der Zwischenzeit die Eigelb in einer Schüssel verschlagen, den Pecorino und reichlich Pfeffer aus der Mühle unterziehen. Die Schweinsbacke in einer großen Pfanne mit etwas Öl so lange schmoren, bis das Fett nicht mehr glasig ist und das Fleisch knusprig wird. Die gut bissfest gekochte Pasta abgießen und in die Pfanne schütten, ein paar Minuten bei hoher Flamme schwenken, dann ohne Flamme die verschlagenen Eier dazugeben und schnell vermengen. Anrichten und weiteren Pecorino dazu reichen, der nach Belieben hinzugefügt werden kann. Es muss gesagt werden, dass es verschiedene Schulen gibt: viele geben zur Schweinsbacke fein gehackte Zwiebeln, andere Knoblauch, manche beides: richten Sie sich nach Ihrem Geschmack.

## DIE WEINEMPFEHLUNG

### BIANCO CAPENA (DOC)

Er wächst in Weinbergen, die vor den Toren Roms im Umland von Capena an den westlichen Ufern des Tibers bestellt werden. Die Zone blickt auf eine sehr alte Weinbautradition zurück, die so alt ist, dass bereits Horaz, Virgil und Cicero die üppigen Weinberge verherrlichten; es scheint, dass der Wein aus Capena "Weißwein der Feronia" genannt wurde, weil er der gleichnamigen Nymphe bei Opferritualen dargeboten wurde. Es ist ein Wein zu allen Speisen; ganz besonders gelungen sind die Verbindungen mit Spaghetti alla Carbonara und all'Amatriciana, Meeres- und Seefischgerichten, Frittüren mit Artischocken, Zucchini und Auberginen, Omeletts.

## DIE TYPISCHEN RESTAURANTS

## OSTERIA DEL SOSTEGNO

› Via delle Colonnelle, 5 (Piazza Colonna)
› Tel.: 06 6793842 – ilsostegno@hotmail.it www.ilsostegno.it
› geschlossen: Montag
› Durchschnittspreis (ohne Getränke): Euro 50,-

*Am Ende einer Sackgasse ohne Autos oder Passanten und nur wenige Schritte vom Pantheon und der Piazza Colonna entfernt befindet sich die Osteria del Sostegno, ein Lokal, dessen Name von dem großen Eisenträger herrührt, der das Gebäude abstützt.*
*Der Gastraum ist klein (nur wenige Tische drinnen und im Freien), aber komfortabel. Die Weinkarte umfasst etwa sechzig Weine, die Speisekarte typische Gerichte der römischen Küche.*
*Spezialitäten: Amatriciana, Cacio e Pepe, Carbonara und Saltimbocca*

# Spaghetti alla Gricia

*Spaghetti alla Gricia*

 SCHNELL  LEICHT

› 400 g Spaghetti oder Bucatini
› 150-200 g Schweinsbacke, in kleine Stücke geschnitten
› 150 g geriebener Pecorino romano
› natives Olivenöl extra,
  Salz und Pfeffer qu.s.

### DIE GESCHICHTE DES GERICHTS

Dieses Rezept, das als die "weiße" Version der bekannteren "Amatriciana" geschätzt wird, stammt aus Grisciano, einer Ortschaft der Oberen Sabina und nur wenige Kilometer von Amatrice entfernt: der ursprüngliche Name war nämlich "Griscia". Noch heute veranstaltet der Ort zu Ehren dieses so einfachen wie schmackhaften Gerichts im August eine Sagra della Gricia (Gricia-Fest).

### ZUBEREITUNG

Die Schweinsbacke in einer antihaftbeschichteten Pfanne mit einem knappen Tropfen Öl schmoren und auf kleiner Flamme so lange anbräunen, bis das Fett glasig wird. Nach Belieben kann die Schweinsbacke mit ½ Glas trockenem Weißwein gelöscht werden, der auf großer Flamme verdampfen soll. Die Spaghetti kochen und, bevor sie gut bissfest abgegossen werden, eine Schöpfkelle mit Kochwasser in die Pfanne geben. Die Pasta dann in die Pfanne schütten, unter stetem Umrühren ein paar Minuten auf großer Flamme erhitzen und nach und nach den Pecorino dazugeben. Sehr heiß servieren, bevor der Käse dickt, und mit frisch gemahlenem Pfeffer überstäuben.

›PANTHEON – DIE KUPPEL

DIE TYPISCHEN RESTAURANTS

## LA SAGRESTIA

› Via del Seminario, 89 (Pantheon)
› Tel.: 06 6797581
› geschlossen: Mittwoch
› Durchschnittspreis (ohne Getränke): Euro 20,-

*La Sagrestia ist ein alt eingesessenes Restaurant mit Pizzeria in einem Gebäude aus dem 15. Jahrhundert, nur wenige Schritte vom Pantheon entfernt. Neben römischen Spezialitäten bietet es über zwanzig Pizzasorten an. Spezialitäten: Amatriciana, Caco e Pepe, Carbonara und Gricia*

# Spaghetti cacio e pepe

*Spaghetti mit Käse und Pfeffer*

› 400 g Spaghetti oder Vermicelli
› 150 g frisch geriebener Pecorino
› reichlich frisch grob gemahlener schwarzer Pfeffer
› Salz qu.s.

 SCHNELL     LEICHT

## DIE GESCHICHTE DES GERICHTS

Es gehört als nicht vorgesehenes Spaghettiessen zu den "schnellen" ersten Gängen. Die Eigentümlichkeit des Pecorino romano macht dieses Rezept einzigartig.

## ZUBEREITUNG

Die Spaghetti gut bissfest kochen; vor dem Abgießen eine Schüssel mit Kochwasser beiseite stellen, damit es später verwendet werden kann, um die Pasta geschmeidiger zu machen Die Pasta vom Feuer nehmen, sie kurz abgießen und in eine vorgewärmte Schüssel schütten; den Pecorino und Pfeffer dazugeben, so lange schnell vermengen, bis der Käse schmilzt, und bei Bedarf Kochwasser hinzufügen. Alternativ kann man den Pecorino mit dem Pfeffer in heißem Kochwasser schmelzen, bevor man die Spaghetti dazu schüttet.

## DIE WEINEMPFEHLUNG

### TARQUINIA (DOC)

Die Anbaugegend umfasst das Gebiet mehrerer Ortschaften in den Provinzen Rom und Viterbo entlang dem Küstenstreifen zwischen Montalto di Castro und Fiumicino und im Hinterland bis hin zu den Monti Cimini und Monti della Tolfa. Es ist eine Gegend mit mildem Klima, die frischen Winde schützen die Weinkulturen vor den Gefahren von Schimmel und Krankheitsbefall. Der Weißwein passt gut zu Fischgerichten, mit besonderem Erfolg bei der Zubereitung von Sardellen, zu Gemüsefrittüren, milden Käsesorten und Omeletts; der Rotwein empfiehlt sich zu schmackhaften ersten Gängen, weißem wie rotem Fleisch vom Grill und zu Braten; der Rosé ist ein Wein für alle Speisen und begleitet vorzüglich Wurstaufschnitt, Gemüsesuppen und wenig gelagerte Käsesorten.

› KAPITOLSPLATZ

LANGE

MITTEL

# Zuppa di fave con le cotiche

*Saubohnensuppe mit Schweineschwarte*

› 800 g getrocknete Saubohnen
› 300 g Schweineschwarte
› 100 g roher Schinken
› 1 EL Tomatenmark
› 2 Zwiebeln, Petersilie, Majoran, natives Olivenöl extra, Salz und getoastete Brotscheiben qu.s.

## DIE GESCHICHTE DES GERICHTS

Die klassische Suppe bäuerlicher Tradition ist ideal bei winterlichen Temperaturen und verwirklicht mit einfachen Zutaten oder Ausschussprodukten ein sehr schmackhaftes Gericht mit hohem Nährwert.

## ZUBEREITUNG

Die getrockneten Saubohnen wenigsten zwei Tage lang wässern. Dann abgießen und sie mit Wasser bedeckt in einen Topf geben, salzen und kochen: sie sollen sehr weich sein, aber nicht verkocht. Die Schweineschwarte abschaben und spülen, dann ein paar Minuten kochen lassen; anschließend erneut spülen und in etwa 3 cm große Stückchen schneiden. In eine Kasserolle mit etwas Öl die Mischung aus zerkleinertem Schinken, Petersilie und Majoran geben, erhitzen und die klein geschnittenen Zwiebeln hinzufügen. Wenn die Zwiebeln goldbraun sind, einen guten EL Tomatenmark dazugeben. Unter gelegentlichem Umrühren köcheln lassen, dann die Schweineschwarten und etwas Wasser hinzufügen und die Schwarten garen. Am Ende die Saubohnen abgießen, in die Kasserolle schütten und bei mäßiger Hitze alles zusammen 15 Minuten köcheln lassen. In jeden Suppenteller eine leicht getoastete Scheibe Brot legen und die Suppe auf die Teller verteilen.

# HAUPTGERICHTE

Die charakteristischsten Gerichte der römischen Küche vermitteln uns das Bild von einem Rom, "wie es war". Die Schäferlandschaft, Gegenstand so vieler "Ansichten" aus dem 19. Jahrhundert überlebt in der verwurzelten Zuneigung zum Lamm, jenem Milchlamm, das auf verschiedene Arten zubereitet das klassische Hauptgericht der Festtagsessen ist. Sowie die Lebendigkeit und die Farben des Viertels Testaccio, dem Mittelpunkt des Handels mit landwirtschaftlichen Erzeugnissen für die Stadt und Sitz des alten Schlachthofs, tauchen auf den Tischen mit vielen auf der Basis des berühmten "fünften Viertels" zubereiteten Gerichten wieder auf: die weniger hochwertigen Fleischarten, die für den Tisch der einfachen Leute bestimmt waren, die davon wirklich guten Gebrauch zu machen verstanden, wenn diese Rezepte noch immer zu den am meisten gefragten Rezepten zählen.

Etwas scheuer die Fischküche, aber man darf nicht vergessen, dass sich früher zwischen Rom und dem Meer Wälder und Sümpfe erstreckten, die einen vertrauten Umgang mit Gefischtem behinderten. Dennoch sind die Fischgerichte beachtenswert, die in den typischen Speisekarten auftauchen, was ihren Geschmack und die Kreativität anbelangt, und interpretieren unter dem Aspekt Meer die Merkmale der römischen Küche wieder.

DIE TYPISCHEN RESTAURANTS

## FELICE

› Via Mastro Giorgio, 29 (Testaccio)
› Tel.: 06 5746800 - info@feliceatestaccio.com
   www.feliceatestaccio.com
› geschlossen: Sonntag
› Durchschnittspreis (ohne Getränke): Euro 40,-

*Im römischsten Viertel Roms, Testaccio (in
der Nähe des Orangengartens, der allein wegen der Aussicht, die er bietet, einen Besuch
wert ist) befindet sich das Restaurant Felice.
Wie nach altem Brauch wird die Speisekarte
mündlich dargeboten und variiert im Einklang
mit der römischen Tradition täglich (donnerstags Gnocchi, freitags Baccalà, samstags
Trippa).*
*Spezialitäten: Abbacchio, Amatriciana,
Carbonara, Gricia, Involtini und Trippa*

# Abbacchio brodettato

*Lamm mit Sauce*

› 1 kg mageres knochenloses Lammfleisch in Stücken
› 1 Scheibe roher Schinken von 50 g, gewürfelt
› 1 gehäufter EL Mehl
› 1 Zwiebel, in Stückchen
› 1 Glas trockener Weißwein
› 2 gehackte Knoblauchzehen; 3 Eigelb
› ½ Zitrone
› nach Belieben 2 EL geriebener Parmigiano oder Grana
› gehackte Petersilie, Majoran, natives Olivenöl extra,
   Salz und Pfeffer qu.s.

 LANGE         SCHWIERIG

## DIE GESCHICHTE DES GE-RICHTS

Eine aufwendige Zubereitung, aber
von großem Effekt, prächtig und
originell. Nicht zufällig ist – vor
allem aber: war – dies das
traditionelle Gericht des
Osteressens.

## ZUBEREITUNG

In einen großen Kochtopf mit dickem Boden das Öl geben,
dann die Zwiebel und die Lammstücke langsam schmoren.
Wenn das Fleisch gut angebräunt ist, salzen, pfeffern, den
Weißwein dazu gießen und verdampfen. Nun alles mit heißem
Wasser bedecken und zugedeckt auf kleiner Flamme köcheln
lassen.
Sobald die Flüssigkeit aufkocht, ein halbes Glas entnehmen,
und das Mehl unter Vermeidung von Klumpen darin auflösen,
dann den so erhaltenen dünnflüssigen Teig in den Topf
zurückgießen und gut zwanzig Minuten weiterkochen, bis die
Sauce cremig ist.
Einfachheitshalber wenden manche das Lamm vor dem
Schmoren in Mehl, auch wenn das Ergebnis nicht ganz das
gleiche ist. Schließlich die Eier mit dem Parmigiano (nach
Belieben) und Zitronensaft verquirlen.
Am Ende der Kochzeit Knoblauch und Petersilie in den Topf
geben, eine Minute lang umrühren und vom Feuer nehmen.
Schließlich das verschlagene Ei langsam dazu gießen,
unterrühren und heiß anrichten.

## DIE WEINEMPFEHLUNG

### NETTUNO (DOC)

Im Hinterland von Nettuno hat seit Jahrhunderten die Rebsorte
Cacchione ihr ideales Habitat gefunden, ein wunderschönes
Beispiel für eine autochthone Rebsorte mit weißen Trauben, die
auf den für diese Gegend typischen siliziumreichen Böden
gedeiht. Ihre Charakteristiken und Besonderheiten haben die
Fortdauer des Anbaus über Jahrhunderte gestattet. Aus dieser
Rebe erhält man den gleichnamigen Wein, der im Mai 2003
das Gütesiegel DOC erhalten hat. Der Weißwein passt
vorzüglich zu Muscheln und Krustentieren,
Meeresfrüchtesalaten, Pasteten, Suppen, Lasagne und
geschmorten Calamari, Baccalà, sowie den Käsesorten
Caciocavallo und Provola. Der Rotwein empfiehlt sich vor allem
zu besonders strukturierten Gerichten: im Ofen zubereitetem
weißem Fleisch, Lamm vom Rohr mit Kartoffeln, mittellang
gelagerten Käsesorten; der Rosé dagegen schmeckt vorzüglich
zu Vorspeisen auf Wurstbasis, Gemüsesuppen und Suppen.

# Abbacchio scottadito

*Gegrillte Lammkoteletts*

› 1 kg Lammkoteletts
› natives Olivenöl extra
› Salz und Pfeffer qu.s.

 SCHNELL  LEICHT

DIE GESCHICHTE DES GERICHTS

Die Vortrefflichkeit der Einfachheit: der Erfolg dieses Gerichts liegt in der Qualität des Lamms (Milchlamm für die Römer). Man isst es mit den Händen, sobald es vom Feuer ist… und verbrennt sich die Finger.

## ZUBEREITUNG

Die Koteletts ein wenig mit dem Fleischklopfer flach schlagen, auf beiden Seiten mit Öl bestreichen und mit Salz und Pfeffer würzen. Wenn Ihnen würziger Geschmack zusagt, ein wenig Estragon hinzufügen. Bei starker Hitze auf dem Rost (wenn möglich mit Holzkohle) grillen, bis sie schön knusprig sind. Man kann sie auch auf der sehr heißen Herdplatte (oder in der Grillpfanne) braten, etwa 4 Minuten pro Seite. Sobald sie gar sind, mit Zitronenschnitzen servieren.

## DIE WEINEMPFEHLUNG

### CESANESE DI AFFILE O AFFILE (DOC)
Er wächst im Hinterland von Rom im Gebiet der Gemeinden Affile und Roiate und auf der Hochebene von Arcinazzo (in etwa 600 m Höhe). Der Cesanese di Affile stammt fast vollständig von der gleichnamigen Rebsorte, einer lokalen Abart des gewöhnlichen Cesanese, der bei der Traubenmischung in kleinen Mengen zugelassen ist. Er wird zu schmackhaften und würzigen Gerichten der traditionellen Küche getrunken, ersten Gängen mit Fleischsoßen, Gerichten mit rotem und Schweinefleisch, gebratenem Hasen und Lamm, Schweinekoteletts und –karbonaden, Wildgerichten, gelagerten Käsesorten und Wurstaufschnitt. Die lieblichen Varianten und Schaumweine sind ideal zum Dessert.

› SANT'IVO ALLA SAPIENZA

## DIE TYPISCHEN RESTAURANTS

## ANTICA TRATTORIA POLESE

› Piazza Sforza Cesarini, 40 (Corso Rinascimento)
› Tel.: 06 6861709 - www.trattoriapolese.it ristorantepolese@fastwebnet.it
› geschlossen: Dienstag
› Durchschnittspreis (ohne Getränke): Euro 30,-

*In der Nähe der Kirche Sant'Ivo alla Sapienza (einem der Meisterwerke barocker Architektur) und nur wenige Meter von der Piazza Navona entfernt befindet sich in einem Palazzo aus dem 15. Jahrhundert, der früher Wohnsitz der Familie Borgia war, das Restaurant „Antica Trattoria Polese".*
*Diese angenehme Trattoria mit einfachem Ambiente und informalem Service ist ein Bezugspunkt für alle, die eine gute römische Küche schätzen.*
*Spezialitäten: Abbacchio, Amatriciana, Cacio e Pepe, Carbonara, Carciofi alla Giudia, Gricia und Crostata di Ricotta*

› MARCELLUS THEATER

# Aliciotti con l'indivia

*Sardellen mit Endivie*

 MITTEL

 LEICHT

## DIE TYPISCHEN RESTAURANTS

## BA" GHETTO

› Via del Portico d'Ottavia, 57 (Marcellus Theater)
› Tel.: 06 68892868 - info@kosherinrome.com - www.kosherinrome.com
› geschlossen: Freitag abends und Samstag mittags
› Durchschnittspreis (ohne Getränke): Euro 30,-

› 1 kg frische Sardellen, schon geputzt und entgrätet
› 1 kg Endivie
› natives Olivenöl extra und Salz qu.s.

## DIE GESCHICHTE DES GERICHTS

Ein weiteres "Geschenk" der jüdischen Küche des römischen Ghettos. Warm ist es köstlich, aber auch kalt ist es sehr angenehm.

*Jahrhundertealte jüdisch-römische Kochtradition triumphiert im Restaurant Ba" Ghetto, einem eleganten und gastfreundlichen Lokal nur wenige Schritte vom Marcellus-Theater und Kapitol entfernt.*
*Ein paar Stufen führen ins Innere des Lokals, das nüchtern eingerichtet ist, mit der Küche im Hintergrund und mehreren Tischen mit schneeweißen Tischdecken; die Atmosphäre ist familiär, auch wegen eines sympathischen und gleichzeitig herzlichen Service,*
*Spezialitäten: Aliciotti con Indivia, Baccalà, Carbonara und Carciofi alla Giudia*

## ZUBEREITUNG

Die Sardellen spülen, dann mit Salz
bestreuen und in einem Sieb abtropfen
lassen; in gleicher Weise die Endivie
behandeln: zuerst die äußeren Blätter
und den Strunk entfernen, waschen und
schneiden, am Ende salzen und
abtropfen lassen. Nach zwei Stunden
eine Backform mit etwas Öl vorbereiten,
dann eine Schicht Endivie und eine
Sardellen hineingeben und so fortfahren,
zum Abschluss dann eine Schicht mit
dem Gemüse. Je nach Geschmack auch
eine dünne Schicht mit Knoblauch
einfügen. Mit Öl übergießen und bei
180° etwa 45 Minuten im Ofen backen:
in der Backform darf kein Wasser mehr,
und das Gemüse soll gut angebräunt
und knusprig sein.

## DIE WEINEMPFEHLUNG

FRASCATI (DOC)
Es ist einer der ältesten DOC und als typisches Erzeugnis seit 1933 anerkannt. Der Frascati
wächst in den Albaner Bergen in den Gemeindegebieten von Frascati und der umliegenden
Ortschaften; die Böden sind vulkanischen Ursprungs, reich an Kalium, Phosphor und
Mikroelementen, sowie wasserdurchlässig und trocken. Er kann sich einer der ältesten
Traditionen rühmen: er stand auf dem Tisch der antiken Römer in der Zeit des größten
Glanzes von Tusculum, und von Papst Paul III. wurde erzählt, dass er ihn auf der
päpstlichen Tafel wollte. Es gibt ihn ausschließlich als Weißwein, und er wird in
verschiedenen Typen hergestellt, die auch den
berühmten, aber seltenen Cannellino
einschließt. Er wird zu Vorspeisen, ersten
und Hauptgängen mit Fisch oder
weißem Fleisch getrunken, zu Artischocken,
bäuerlichen Omeletts, Sardellenfrittüren, Gemüse-
und Eigerichten. Der liebliche ist ein Wein zum Abschluss
der Mahlzeit und ein guter Begleiter zu trockenem und
hausgemachtem Gebäck. Der Cannellino passt vorzüglich zu Desserts
wie dem Ricottakuchen oder den klassischen Maritozzi.

## DIE KOSCHERE KÜCHE

Für die Juden ist sich-Ernähren eine heilige Handlung, und die Art der
Speisezubereitung ist in einem strengen Speisegesetz, der Kaschrut, geregelt.
Die Lebensmittel müssen koscher sein, d.h. der Vorschrift der Tora entsprechen.
Verboten sind für unrein erklärte Tiere. Um erlaubt zu sein, müssen die Tiere
zweigespaltene Hufe haben und Wiederkäuer sein, Pferde, Schweine und Tiere wie
Wild- oder Stallhasen und Kamele sind also ausgeschlossen. Unter den
Wassertieren sind die Tiere ohne Flossen und Schuppen wie Muscheln und
Krustentiere ausgeschlossen. Reine Tiere müssen mit einem Schnitt am Hals
getötet werden, der das völlige Ausbluten gewährleistet, danach wird das Fleisch
gewässert und unter Salz gehalten, damit jeder Tropfen Blut verschwindet. Nicht
alle Teile des Tieres können verzehrt werden. Alles Muskelfleisch und die Knochen
sind verwertbar; unter den Innereien sind die Nieren und Darm verboten.
In der koscheren Küche isst man Fleisch und Milchprodukte nicht während
derselben Mahlzeit und auch das Geschirr wird getrennt verwendet. Wegen des
Verbots, Fleisch in Milch zu kochen, sind die Käsesorten verboten, für die
tierisches Lab in Milch gekocht wird. Außerdem sind keine Käsesorten erlaubt, die
auch unsichtbaren Schimmel oder Mikroorganismen enthalten, wie der
Gorgonzola.
Verboten sind vergorene Getränke mit Ausnahme des Weins, der seinerseits keine
verbotenen Zusätze enthalten darf; er muss jeglichen Treibzusatz vermeiden und
darf ausschließlich von Juden hergestellt werden.

## DIE TYPISCHEN RESTAURANTS

### FLAVIO AL VELAVEVODETTO

› Via di Monte Testaccio 97-98 (Porta San Paolo)
› Tel.: 06 5744194
   www.flavioalvelavevodetto.com
› geschlossen: nie
› Durchschnittspreis (ohne Getränke): Euro 30,-

*Die Räume in den Grotten des Testaccio, die
Panoramaterrasse und der Hof sind die einzi-
gartigen Charakteristiken, die das Flavio al
Velavevodetto kennzeichnen.
Die Küche dieses Restaurants im Herzen des
Testaccio in der Nähe der Porta S. Paolo und
des Protestantischen Monumentalfriedhofs
zeichnet die Einfachheit und Güte der typischen römischen Küche aus.
Spezialitäten: Abbacchio, Baccalà, Coratella
und Gnocchi*

# Baccalà alla Trasteverina

*Stockfisch nach Trastevere-Art*

› 800-1000 g Stockfisch, bereits aufgeweicht und gewässert
› 200 g Mehl; 2 Zwiebeln; 2 gewässerte Sardellenfilets
› 1 Knoblauchzehe; 1 EL Kapern
› 40 g Rosinen, in lauwarmem Wasser aufgeweicht
› 40 g Pinienkerne; 1 Zitrone
› Petersilie, natives Olivenöl extra und Salz qu.s.

   MITTEL          MITTEL

## DIE GESCHICHTE DES GERICHTS

Die römische Küche hat eine deutliche Vorliebe für intensive und
appetitanregende Geschmäcke, wenn sie gut zusammenpassen und
ausgeglichen sind. Wie bei diesem wirklich wohlschmeckenden Baccalà.

## ZUBEREITUNG

Die Kapern und Rosinen ins Wasser geben. Den Stockfisch spülen und
abtrocknen, dann in rechteckige Stücke (etwa 3x6 cm) schneiden und in
Mehl wenden. Eine große Pfanne mit etwa Öl aufs Feuer stellen, und die
Stockfischstücke bei mittlerer Flamme anbräunen. Wenn der Stockfisch auf
beiden Seiten goldbraun ist, abtropfen lassen und warm stellen. Dem
Pfannenfond ein wenig Öl hinzufügen und die Knoblauchzehe und fein
geschnittenen Zwiebel anbraten; sie sollen leicht glasig werden, dann ein
wenig salzen und bei kleiner Flamme zugedeckt köcheln lassen. Nach ein
paar Minuten die gut abgetropften Kapern und Rosinen zusammen mit den
Pinienkernen dazugeben, noch kurz vermischen und das Feuer abstellen. Die
gehackten Sardellenfilets hinzufügen, mit dem Übrigen verrühren und mit
einem Holzlöffel zerdrücken. Den Ofen auf 220° aufheizen, dann eine
Backform vorbereiten, in die der vorbereitete Kochfond geschüttet wird; darauf
die Stockfischstücke legen und mit ein paar Löffel Öl der Soße übergießen.
Nach 5 Minuten die Backform aus dem Ofen nehmen, den Baccalà mit
gehackter Petersilie überstreuen, mit Zitronensaft besprizten und servieren..

## DIE WEINEMPFEHLUNG

### COLLI DELLA SABINA (DOC)

Er wächst auf den Hügeln der Sabina, einer antiken Landschaft, die die
Gegenden im Grenzgebiet zwischen den Provinzen Rom und Rieti
umfasst, eine Zone, deren Natur recht unversehrt geblieben ist. Die
Rotweine passen sehr gut zu ersten Gängen mit Fleischsoßen, Pilzen,
rotem Fleisch, Wild und hartem Käse; die Weißweine sind
empfehlenswert zu Gerichten mit Meeres- und Seefischen,
Gemüsesuppen, Omeletts und nicht gelagertem Käse; der Rosé ist ein
Wein zu allen Speisen und wird gewöhnlich zu Wurstaufschnitt,
Reisgerichten und Gerichten auf Fisch- oder Traubenbasis getrunken.
Die Schaumweine eignen sich als Aperitif oder am Ende der Mahlzeit.

# Bollito alla Picchiapò

*Gesottenes nach Picchiapò-Art*

› 700 g gekochtes Fleisch (vom Kalb oder gemischt)
› 2-3 rote oder gelbe Zwiebeln
› 400-500 g Tomatenfleisch oder Tomatenpüree
› Gewürzkräuter nach Wahl: Rosmarin, Basilikum, Zimt, Peperoncino,
  Nelken und Lorbeer qu.s.; trockener Weiß- oder Rotwein,
  natives Olivenöl extra und Salz qu.s.

## DIE GESCHICHTE DES GERICHTS

Das Picchiapò, das klassische Restegericht, wurde von Ettore Scola in einer berühmten Szene seines Films "Wir waren so verliebt" verewigt. Und, wie dies oft geschieht, haben die Weisheit und gastronomische Fantasie der einfachen Leute die Reste des Gesottenen ist ein ausgezeichnetes Gericht verwandelt.

## ZUBEREITUNG

Das gekochte Fleisch in mundgerechte Stückchen schneiden. Die Zwiebeln fein schneiden und in einer großen Pfanne mit etwas Öl anbraten lassen; sobald sie Farbe annehmen, den Wein zugießen und langsam verdampfen lassen. Wenn die Soße in der Pfanne eingedickt ist, die Tomaten und Gewürzkräuter dazugeben, salzen und köcheln lassen. Nach etwa 10 Minuten das Fleisch hinzufügen und weiterkochen lassen, bis die Soße ausreichend eingedickt ist.

## DIE WEINEMPFEHLUNG

### VIGNANELLO (DOC)

Er wächst in der Gegend von Vignanello im Osten von Viterbo und an den auf das Tal des Tibers gehenden Hängen der Colli Cimini; der Weinbau ist sicher antiker Tradition: der Ortsname selbst, der das Wort 'Vigna' (Reben) enthält, spricht von der bedeutenden Rolle des Weinbaus in der Wirtschaft der Gegend. Der Rotwein passt vorzüglich zu den Vorspeisen vom Lande, schmackhaften ersten Gängen, gefüllten Teigwaren, strukturierten Rezepten auf der Basis von rotem Fleisch, gekochtem Fleisch, Braten, Wild, gelagertem und gegrilltem Käse. Der Rosé eignet sich zu Vorspeisen, Wurstaufschnitt, Omeletts und Gemüse. Der Weißwein empfiehlt sich zu Reis- und allen Fischgerichten. Der Greco ist ein vorzüglicher Aperitif und passt gut zu Muscheln, Krustentieren und Meeresgerichten.

› SAN PIETRO IN VINCOLI

## DIE TYPISCHEN RESTAURANTS

# TRATTORIA MORGANA

› Via Mecenate, 19/21 (Rione Monti)
› Tel.: 06 4873122 - info@trattoriamorgana.com
  www.trattoriamorgana.com
› geschlossen: Sonntag abends und Montag
› Durchschnittspreis (ohne Getränke): Euro 25,-

*Die Trattoria Morgana liegt nur wenige Schritte vom Teatro Brancaccio und etwa 10 Minuten von der Kirche San Pietro in Vincoli (in der man den berühmten Moses von Michelangelo bewundern kann) entfernt und erweist sich als ein familiäres, herzliches und heiteres Ambiente.*
*Die Küche bietet die typisch römische Tradition (aber man erhält dort auch vegetarische Gerichte) und die Desserts sind ausschließlich hausgemacht.*
*Spezialitäten: Bollito alla Picchiapò, Gricia, Pasta e Ceci und Puntarelle*

# Coda alla vaccinara

*Ochsenschwanzragout*

› 1,5 kg Ochsen- oder Kalbsschwanz
› 100 g Bauchspeck oder Schweinsbacke
› 1 Karotte; 1 Zwiebel
› 1 ganzer weißer und zarter
  Stangensellerie
› 1 kg Tomatenfleisch
› 1 Glas trockener Weißwein
› gehackte Petersilie, Salz, Pfeffer,
  natives Olivenöl extra

## DIE GESCHICHTE DES GERICHTS

Eine weitere Bestätigung für das Talent und den gastronomische Erfindungsreichtum des römischen Volks: aus einem Abfallfleisch wird ein ausgesprochen schmackhaftes Gericht. Dieses Rezept verdankt seinen Namen den "Vaccinari", d.h. den Metzgern im historischen Schlachthof am Testaccio, die zum Teil eben mit den Schwänzen des geschlachteten Viehs bezahlt wurden.

## ZUBEREITUNG

Den Schwanz in Stücke von 3-4 cm schneiden, sie spülen und 10 Minuten in gesalzenes kochendes Wasser geben (die doppelte Zeit, wenn es ein Ochsenschwanz ist). In der Zwischenzeit Bauchspeck, Petersilie, Knoblauch, Zwiebel und Karotte fein hacken; das Ganze in einen großen Topf mit etwas Öl geben und, wenn es angebraten erscheint, die Schwanzstücke dazugeben. Das Fleisch auf kleiner Flamme schmoren, dann den Wein dazu gießen, salzen, pfeffern und verdampfen lassen. Wenn der Wein verdampft ist, die Tomaten dazugeben, mit Salz abschmecken, zudecken, auf kleinster Flamme unter gelegentlichem Umrühren sehr lange kochen lassen und eventuell heißes Wasser nachgießen, bis das Fleisch dazu neigt, sich vom Knochen zu lösen. Nun die in Stücke geschnittene Stangensellerie vorbereiten, in den Topf geben und noch eine halbe Stunde köcheln lassen.
Den Schwanz mit der schmackhaften Soße übergossen servieren. Es sind auch Varianten verbreitet: einige geben die Stangensellerie von Anfang an zum Feingehackten, andere geben 1 Nelke und etwas Peperoncino dazu. Wer eine sehr duftende Küche schätzt, kann einen letzten Schliff geben und in den letzten Minuten der Garzeit Zimt, Muskat und Majoran hinzufügen.

## DIE TYPISCHEN RESTAURANTS

### LA CAMPANA

› Vicolo della Campana, 18 (Piazza Navona)
› Tel.: 06 6875273
  www.ristorantelacampana.com
› geschlossen: Sonntag abends und Montag
› Durchschnittspreis (ohne Getränke): Euro 25,-

*La Campana ist das älteste noch bewirtschaftete Restaurant in Rom, und die Atmosphäre ist die Roms der 50er Jahre: ein Restaurant-Trattoria im Familienbetrieb, römische Kellner und sehr einfaches Ambiente. Die Speisekarte umfasst alle Klassiker der römischen Küche, aber es gibt auch eine vegetarische Speisekarte und eine mit glutenfreien Gerichten. Es liegt nur wenige Schritte von der Piazza Navona und der Piazza Sant'Eustachio entfernt im Herzen der Ewigen Stadt. Spezialitäten: Abbacchio, Amatriciana, Baccalà, Carbonara, Carciofi, Coda alla Vaccinara, Fiori di Zucca, Pollo con i Peperoni, Saltimbocca und Trippa*

# Coratella di abbacchio con i carciofi

## Milchlammgeschling mit Artischocken

› 1 vollständiges Lammgeschling (Milchlamm)
› 4 geputzte Artischocken
› 1 Zitrone
› 1 Glas trockener Wein
› natives Olivenöl extra, Salz und Pfeffer qu.s.

 MITTEL   LEICHT

### DIE GESCHICHTE DES GERICHTS

Auch dies ist ein Gericht reinster Tradition, wo – wie es für die Küche der kleinen Leute typisch ist – man versuchte, das geringwertige Fleisch aufs Beste zu nutzen, und so unübertreffliche Gerichte schuf.

### ZUBEREITUNG

Die Artischocken in dünne Schnitze schneiden, auf kleiner Flamme mit Öl, Salz, Pfeffer und dem Saft einer halben Zitrone schmoren. Das Geschling in Stücke schneiden, Herz, Lunge und Leber separat halten: da sie unterschiedliche Reaktionen und Garzeiten haben, ist es sehr wichtig, sie gesondert zu verarbeiten. Das Öl in einer Pfanne erhitzen und die Lunge 2 Minuten auf kleiner Flamme schmoren, dann das Herz dazugeben und 4-5 Minuten weiterkochen, schließlich die Leber hinzufügen, die nicht länger als 2 Minuten kochen soll. Nun die Artischocken dazugeben, mit Salz abschmecken und den Wein dazu gießen, der unter schnellem Umrühren verdampfen soll.

### DIE WEINEMPFEHLUNG

COLLI ALBANI (DOC)
Das Anbaugebiet dieses DOC-Weins ist die Südseite der Albaner Berge, und zwar die Hügel am westlichen Ufer des Albaner Sees. Die Gegend ist seit Jahrhunderten für ihre Weißweine bekannt; der Colli Albani wird nämlich als der Ahnherr der Weine der Albaner Berge angesehen und müsste dem antiken Albano entsprechen, einem Weißwein, von dem bekannte Schriftsteller der Kaiserzeit sprechen. Hier jedenfalls baute man schon früher Wein an: es scheint nämlich, dass die latinische Gemeinde von Albalonga Jupiter Latiaris verehrt und ihm "goldfarbenen Wein" geopfert hat. Es ist ein perfekter Wein, der zu jedem Gericht auf Fisch- und Gemüsebasis serviert werden kann, aber die ideale Verbindung ist mit den typischen Gerichten der lokalen Küche: Schweinefleischgerichten, wie der berühmten Porchetta (gebratenes Spanferkel) von Ariccia, Lamm nach Jägerart, Coratella, gegrillten Fegatelli (Schweineleber-Spießchen), geschmorter Trippa und Gerichten auf Geflügelbasis.

› ENGELSBURG

---

DIE TYPISCHEN RESTAURANTS

## DA MARCO E FABIO

› Via Silla, 26
  (Engelsburg)
› Tel.: 06 3212362
› geschlossen: Sonntag und Montag mittags
› Durchschnittspreis (ohne Getränke):
  Euro 30,-

*Seit über fünfzig Jahren bietet die Trattoria-Restaurant "Da Marco e Fabio" (besser bekannt als "Ragno d'Oro") ihren Gästen eine Küche, deren Kennzeichen authentischer und unverfälschter Geschmack ist. Familienbetrieb, rustikales Ambiente, im Sommer ein paar Tische im Freien, gute Küche und eine Prise römischer Humor machen dieses Lokal, das nur wenige Schritte von der Engelsburg entfernt liegt, einzigartig. Spezialitäten: Abbacchio, Amatriciana, Bruschetta, Cacio e Pepe, Carbonara, Carciofi alla Giudia, Coda alla Vaccinara, Coratella, Fiori di Zuccha, Gricia, Supplì und Trippa*

## DIE TYPISCHEN RESTAURANTS

### INROMA AL CAMPIDOGLIO

› Via dei Fienili, 56 (Kapitol)
› Tel.: 06 69191024 - inroma@inroma.eu
  www.inroma.eu
› geschlossen: nie
› Durchschnittspreis (ohne Getränke): Euro 35,-

*Dieses historische Lokal liegt wunderschön am Fuß des Kapitols und blickt auf das Forum und das Viktorianum. Es verfügt über zwei große Terrassen, die einen herrlichen Blick auf das antike Rom bieten. Da es fast ganz dem Kino gewidmet ist, was es ursprünglich auch war, ist es bei Künstlern sehr beliebt, war Schauplatz vieler Filme, und die Bilder an den Wänden erinnern an die Zeiten der Dolce Vita. Die Stärke des Lokals ist die hausgemachte frische Pasta und die vorzügliche Auswahl an Weinen.*
*Spezialitäten: Abbacchio, Amatriciana, Baccalà, Cacio e Pepe, Carbonara, Carciofi und Saltimbocca*

# Filetti di baccalà in pastella

## *Stockfischfilets im Teigmantel*

› 600 g Stockfisch, bereits aufgeweicht
› 2 Eiweiß
› 100 g Mehl
› natives Olivenöl extra und Salz qu.s.

 MITTEL  LEICHT

## DIE GESCHICHTE DES GERICHTS

Dieses ausgesprochen traditionelle, knusprig duftende Stockfischgericht gehört ebenfalls zu den großartigen Frittüren des Heiligen Abends.

## ZUBEREITUNG

Das Mehl, ein Glas Wasser, ganz wenig Salz und 2 EL Öl vermischen; ruhen lassen. Die Filets in schmale, etwa 15 cm lange Streifen schneiden, das Eiweiß zu Schnee schlagen und mit dem Teig vermengen, die Filets darin wenden und dann in ausreichendem heißem Öl frittieren. Wenn sie auf beiden Seiten gut knusprig sind, herausnehmen, auf Küchenpapier abtrocknen und mit Zitronenschnitzen servieren, die auf den Filets ausgedrückt werden können.

## DIE WEINEMPFEHLUNG

MARINO (DOC)

Er ist der wohl kraftvollste, körperreichste und intensivste Wein der Albaner Berge; er wächst auf einer Anbaufläche von bescheidener Größe auf dem Gebiet des gleichnamigen Städtchens und in der direkten Umgebung auf einem Hügelstreifen, der auf die tyrrhenische Küste gibt. Ein antiker Brauch erzählt uns davon, wie sehr die Kultur des Weins in dieser Zone verwurzelt ist. Jedes Jahr fließt seit uralten Zeiten im Verlauf der Feiern des Weinfestes aus dem Brunnen Fontana dei Mori Wein statt Wasser. Das vollmundige Bukett dieses Weins passt vorzüglich zu den typischen Gerichten der römischen Küche, wie den frittierten Baccalà-Filets, Reisgerichten mit Spargel oder Steinpilzen, Fischgerichten, weißem Fleisch nach Jägerart, Omeletts, delikatem Wurstaufschnitt und frischem Käse. Die lieblichen und süßen Varianten eignen sich als Abschluss einer Mahlzeit.

## IL MATRICIANO

› Via dei Gracchi, 55 (Piazza Risorgimento)
› Tel.: 06 32500364
› geschlossen: Mittwoch (im Sommer Samstag)
› Durchschnittspreis (ohne Getränke): Euro 45,-

*Im Schatten des "Cuppolone", Spitzname, den
die Römer der Kuppel des Petersdoms gegeben
haben, liegt Il Matriciano, eines der bekanntesten
Restaurants in Rom, in dem man die typischen
Gerichte der römischen Tradition essen kann.
Das Restaurant bietet einen guten Service und ist
ein gut eingerichtetes und gestaltetes Lokal: das
Ambiente ist gefällig, entspannend und informell
und verfügt auch über Tische im Freien.
Aufgrund seines Bekanntheitsgrads ist das Lokal
häufig überfüllt, weshalb eine Reservierung em-
pfehlenswert ist.
Spezialitäten: Abbacchio, Amatriciana, Coda alla
Vaccinara, Fritto und Trippa*

# Fritto alla Romana

*Frittüre nach römischer Art*

› 3 römische Artischocken
› 300 g Hirn vom Kalb oder Lamm
› 1 Fiordilatte (Art Mozzarella), 200 g Schafsricotta, 2 Renetten
› 2 römische Zucchini
› 600 g Spitzen vom römischen Broccolo oder von Karden
› 3 Eier; 1 Zitrone
› Mehl, Muskat, Essig,
   natives Olivenöl extra und Salz qu.s.

 LANGE     SCHWIERIG

› KUPPEL DES PETERSDOMS

### DIE GESCHICHTE DES GE-RICHTS

Der Fritto alla Romana ist ein
echtes Ritual, das Geduld und
Können erfordert, aber vom
Ergebnis her außergewöhnlich
ist. Die einfache Version besteht
nur aus Hirn, Bries und den
klassischen römischen
Artischocken.
Sehr geschätzt sind aber die
Beigaben oder saisonbedingten
Abänderungen. Die Version nur
auf Gemüsebasis wird häufig als
Vorspeise angeboten: in dieser
Form ist er auch ein
unverzichtbarer Bestandteil des
"Fastenessens" am Heiligen
Abend.

## ZUBEREITUNG

Die Artischocken putzen und dabei die äußeren Blätter entfernen, sie in Wasser mit Zitrone legen, dann in Schnitze schneiden und nur 2-3 cm des Stängels belassen. Das Hirn und Bries spülen, dann kurz in heißem Wasser mit ein wenig Essig blanchieren; trocknen lassen, die Häutchen entfernen und würfeln. Werden auch Zucchini verwendet, diese waschen und in Streifen schneiden; Karden und Broccoli putzen, in größere Happen schneiden und 2-3 Minuten in kochendes Wasser geben. Nun die verschlagenen Eier auf einen Teller, das Mehl auf einen anderen geben und alles zuerst im Mehl und dann im leicht gesalzenen Ei wenden. Wenn Sie auch die (in etwa ½ cm dicke Scheiben geschnittenen) Äpfel verwenden wollen, sollten diese in einem leichten Teig mit Muskat gewendet und nach dem Frittieren mit Zucker überstreut werden. Ricotta und Mozzarella sind die am schwierigsten zu frittierenden Bestandteile; es empfiehlt sich, sie schon ein paar Stunden vorher in Scheiben zu schneiden, um ihre Flüssigkeit austropfen zu lassen, und auch für sie einen leichten, nur wenig gesalzenen Teig zu verwenden.
Nun in einer großen Pfanne ausreichend Ö erhitzen; wenn es heiß genug ist, mit dem Frittieren beginnen und dazu jeweils nur wenige Stücke hineingeben. Sind die frittierten Stücke schön goldbraun, diese herausnehmen, auf Küchenpapier abtropfen lassen und salzen. Die Frittüre soll heiß angerichtet und mit Zitronenschnitzen, die nach Belieben verwendet werden können, serviert werden

# Involtini sedano e carote

*mit Stangensellerie und Karotten gefüllte Rouladen*

 MITTEL

 MITTEL

› 600 g Rindfleisch, in dünne Scheiben geschnitten
› 1 Glas trockener Weißwein
› 500 g Tomatenfleisch
› 100 g Rohschinken oder dünn geschnittener Bauchspeck
› 2 Karotten; 2-3 Stängel Stangensellerie; 1 Zwiebel; 1 Knoblauchzehe
› Petersilie, Basilikum, Salz, Pfeffer und natives Olivenöl extra qu.s.

## DIE GESCHICHTE DES GERICHTS

Ein sehr wohlschmeckendes Gericht, an dem wegen seiner reichhaltigen Würzung auch kein großer Fleischliebhaber Gefallen findet. Die Soße eignet sich auch gut für Nudelgerichte.

## ZUBEREITUNG

Stangensellerie und Karotten putzen und in 4-5 cm lange und etwa ½ cm dicke Stäbchen schneiden, sie aber für die Füllung auf die Seite legen. Die Fleischscheiben auslegen und auf jede Salz, Pfeffer, ein wenig gehackten Schinken oder Bauchspeck und ein wenig gehackten Knoblauch, Petersilie und/oder Basilikum (er ist nur fakultativ) verteilen; dann in die Mitte einer jeden Scheibe je 1 Stäbchen Karotte und Stangensellerie legen. Jede Scheibe eng rollen und mit Zahnstochern zusammenhalten. Die Zwiebel, die restliche Karotte und Sellerie hacken, in eine geräumige Pfanne mit etwas Öl geben und schmoren. Die Rouladen hinzufügen und kurz von beiden Seiten anbraten, den Wein dazu gießen und verdampfen lassen. Schließlich das Tomatenfleisch hinzufügen und auf mäßiger Flamme mindestens 15 Minuten kochen lassen; gelegentlich kontrollieren, dass die Soße nicht zu trocken wird, und bei Bedarf ein wenig Wasser dazugeben. Nach der Entfernung der Zahnstocher heiß servieren.

## DIE WEINEMPFEHLUNG

### CIRCEO (DOC)
Das Anbaugebiet zieht sich den südlichen Küstenstreifen des Latiums im Gebiet des Nationalparks Circeo hin. Dieses Gebiet ist wie die ganze Pontinische Ebene ein einzigartiger Fall im italienischen Weinbaupanorama, da der fruchtbare Boden bis Anfang des 20. Jahrhunderts nie bewirtschaftet wurde. Denn erst damals wurde hier nach der Trockenlegung der Sümpfe von neu angesiedelten Bauern Wein angebaut; sie führten bewährte Reben ein, wie den Trebbiano, Sangiovinese und Merlot. In den letzten Jahren hat der Circeo DOC versucht, mit einer Ausweitung der Arten und Verbesserung der Qualität den Markt zu erobern. Die Weißweine sind allgemein geeignet, Sardellen, gemischte Frittüren, Büffel- und gewöhnliche Mozzarella und Omeletts zu begleiten; die Roséweine passen gut zu Minestrone, Ricotta und Wurstaufschnitt; die Rotweine eignen sich zu kräftigen Gerichten, gebratenem und gegrilltem Fleisch und gelagertem Käse.

## DIE TYPISCHEN RESTAURANTS

# DAR CORDARO

› Piazzale Portuense, 4 (Porta Portese)
› Tel.: 06 5836751
› geschlossen: Montag und Sonntag
› Durchschnittspreis (ohne Getränke): Euro 30,-

*In der Nähe des Päpstlichen Zeughauses steht ein kleines die Bögen der Porta Portese nutzendes Haus, das sofort an das Rom der 50er Jahre denken lässt: das ist die Geschichte der Trattoria "Dar Cordaro".*
*Das Restaurant wird von einer römischen Familie geführt, die die kulinarische römische Tradition fortsetzt. Der Gastraum ist voller Leben und in seiner Einfachheit gut eingerichtet, der Service ist aufmerksam und sympathisch.*
*Spezialitäten: Amatriciana, Cacio e Pepe, Carbonara, Coda alla Vaccinara, Gricia, Involtini und Trippa*

OBST- UND GEMÜSESTAND AUF DEM CAMPO DE' FIORI

## IL GRAPPOLO D'ORO

› P.zza della Cancelleria, 80/84 (Campo de' Fiori)
› Tel.: 06 6897080 - www.grappolodorozampano.it
  grappolodorozampano@virgilio.it
› geschlossen: Dienstag und Mittwoch mittags
› Durchschnittspreis (ohne Getränke): Euro 35,-

*Einen Schritt vom Campo de' Fiori entfernt
liegt im Herzen Roms das Grappolo d'Oro,
ein historisches, Restaurant mit traditioneller
römischer Küche, das zu Beginn des 20.
Jahrhunderts eröffnet wurde.
Die Küche ist ausgezeichnet (frische erstklas-
sige Zutaten mit hausgemachter Pasta und
Desserts), der Service tadellos, und es verfügt über eine gute Weinkarte.
Spezialitäten: Abbacchio, Amatriciana,
Baccalà, Cacio e Pepe, Carbonara und Pollo
con i Peperoni*

**64**|65

# Pollo
# con i peperoni

*Huhn mit Paprika*

› 1 Huhn, ausgenommen und in Stücken
› 2 gelbe oder rote Paprika
› 50 g Schinken, in Streifen geschnitten
› 300 g Tomatenfleisch (oder frische Soßentomaten)
› Knoblauch, Majoran, Weißwein,
  natives Olivenöl extra, Salz und Pfeffer qu.s

 MITTEL     LEICHT

## DIE GESCHICHTE DES GERICHTS

Dieses traditionelle Gericht hat immer großen Erfolg
gehabt und war lange das klassische Mittagsgericht
an Ferragosto (15. August).

## ZUBEREITUNG

Den Schinken in einem niedrigen Topf mit etwas Öl
anbraten, das Huhn dazugeben und auf allen Seiten
anbraten, dann salzen, pfeffern und den Knoblauch,
Majoran und die Tomaten dazugeben.
10 Minuten kochen lassen, dann den Wein dazu
gießen und auf großer Flamme weiterkochen lassen.
In der Zwischenzeit die Paprika putzen, in kleine
Streifen schneiden und mit Salz, Knoblauch und Öl
in einer Pfanne braten.
Wenn das Huhn gar ist, die Paprika hinzufügen,
schmackhaft werden lassen, umrühren und
anrichten.

## DIE TYPISCHEN RESTAURANTS

### DA ENZO

› Via Ostiense, 36/I (Pyramide)
› Tel.: 06 5741364
› geschlossen: Sonntag und Montag mittags
› Durchschnittspreis (ohne Getränke): Euro 30,-

*Wohl nur wenige wissen, dass es in der Ewigen Stadt eine Pyramide (die Cestius-Pyramide) gibt, aber es ist sicher nützlich zu wissen, dass in ihrem Schatten das Restaurant "Da Enzo" liegt.*
*Das kleine Lokal, wie es sie früher gab, mit rot-weiß karierten Tischdecken, einem Oldtimer-Kühlschrank, Fresken von Rom an den Wänden und ein paar Tischen an der Straße im Freien – "Da Enzo" ist die typische Trattoria des Viertels, wo man die typischen Gerichte der römischen Tradition genießen kann.*
*Spezialitäten: Amatriciana, Carbonara, Fiori di Zucca und Saltimbocca*

# Saltimbocca alla Romana

*Kalbsschnitzel nach römischer Art*

› 8 kleine Kalbsschnitzel, dünn geschnitten
› 4 Scheiben roher Schinken
› 8 Blätter frischer Salbei
› ½ Glas trockener Weißwein
› Butter, Mehl, Salz und Pfeffer qu.s.

 SCHNELL    LEICHT

## DIE GESCHICHTE DES GERICHTS

Der Duft des Salbeis ist die Krönung dieses einfachen und immer willkommenen Gerichts.

## ZUBEREITUNG

Auf jedes Schnitzelchen ein Blatt Salbei und ½ Scheibe Schinken legen und alles mit einem Zahnstocher zusammenhalten. Dann die Scheiben in Mehl wenden. Die Butter in einer Pfanne schmelzen und die Schnitzel darin von beiden Seiten auf großer Flamme braten; nur die Seite ohne Schinken salzen und pfeffern. Die Pfanne vom Feuer nehmen, die Schnitzel herausnehmen, die Zahnstocher entfernen und das Fleisch warm stellen. Die Pfanne wieder aufs Feuer stellen und den Fond mit dem Wein und weiterer Butter auflösen, verdampfen lassen und das heiße Fleisch damit übergießen.

## DIE WEINEMPFEHLUNG

COLLI ETRUSCHI VITERBESI (DOC)
Die Weine dieses DOC wachsen in einem ausgedehnten Gebiet, das 38 Gemeinden der Provinz Viterbo bis zur Grenze mit der Toskana umfasst. Es ist ein Gebiet mit antikem Weinbau seit etruskischer Zeit und erstreckt sich über eine Hügellandschaft mit einem Klima, das aufgrund der Nähe zum Tyrrhenischen Meer und Bolsenasee, an dessen Ufern sich die Weinberge hinziehen, milder ist. Die Typenpalette umfasst zahlreiche Weiß-, Rot- und Roséweine.

# Seppie
# con carciofi

*Tintenfische mit Artischocken*

› 700 g Tintenfische, schon geputzt
› 4 römische Artischocken, geputzt
› 1 Zitrone
› Zwiebel, Knoblauch, Petersilie, natives Olivenöl extra, Salz und Pfeffer qu.s.

MITTEL          LEICHT

### DIE GESCHICHTE DES GERICHTS

Dieses Rezept ist zwar weniger bekannt als die Variante mit Erbsen, aber auch diese Kombination spielt mit der Begegnung der Milde der römischen Artischocke und dem Wohlgeschmack des Tintenfischs. Der Erfolg ist beachtlich.

### ZUBEREITUNG

Die Artischocken in Schnitze schneiden und in Wasser mit Zitronensaft geben. Die Tintenfische spülen und in Streifen schneiden. Diese in einer Pfanne mit Öl, Knoblauch und gehackter Zwiebel schmoren, dann die gut abgetropften Artischocken, Salz und Pfeffer dazu geben, gute zehn Minuten kochen, dabei bei Bedarf etwas Wasser zugießen. Dann die Tintenfische mit einer Tasse heißes Wasser übergießen, mit Salz und Pfeffer abschmecken und weitere 15 Minuten kochen, jedenfalls bis die Kochbrühe verdunstet ist. Vom Feuer nehmen, die gehackte Petersilie, den Zitronensaft und einen Tropfen Öl darüber geben.

### DIE WEINEMPFEHLUNG

COLLI LANUVINI (DOC)
Das Anbaugebiet gehört zu den Albaner Bergen im Umland von Genzano und Lanuvio, von den Ufern des Nemisees bis nach Aprilia. Dieser Weißwein wurde mehrfach von den antiken lateinischen Schriftstellern und im 17. Jahrhundert vom Barockdichter Metastasio gepriesen und wird aus den in diesem Gebiet der Albaner Berge angebauten klassischen Reben gewonnen. Er gilt als Wein für alle Speisen, gibt aber sein Bestes, wenn er zu ersten Gängen mit Soßen auf Gemüse- und Seefischbasis, Suppen, Fischfrittüren, gratinierten und gebratenen Sardellen und Seefischen, gut gewürzten Gerichten mit weißem Fleisch, Eiern, Spargeln und Artischocken getrunken wird.

› TEILANSICHT VON TRASTEVERE

DIE TYPISCHEN RESTAURANTS

## DA LUCIA

› Vicolo del Mattonato, 2/B (Trastevere)
› Tel.: 06 5803601
› geschlossen: Montag
› Durchschnittspreis (ohne Getränke):
  Euro 30,-

*Im Herzen des alten Rom liegt in
Trastevere die Trattoria "Da Lucia".
Sie wird seit  70 Jahren von derselben
Familie geführt und bietet großzügige
Portionen der klassischen römischen
Küche. Die Desserts sind hausgemacht,
und die Weinkarte umfasst über dreißig
Weine. Im Sommer erlauben die Tische
im Freien, die Atmosphäre der Gassen
von Trastevere vollkommen zu erfassen.
Spezialitäten: Abbacchio, Amatriciana,
Arrabiata, Baccalà, Cacio e Pepe,
Gricia, Involtini, Pasta e Broccoli con
l'Arzilla, Piselli, Seppie und Trippa*

# Spezzatino col sugo

*Gulasch mit Soße*

› 800 g Rindfleisch, gewürfelt
› 1 Zwiebel, 1 Karotte, 1 Stengel Stangensellerie
› 1 Knoblauchzehe
› 1 Glas trockener Weißwein oder Fleischbrühe
› 400 g Tomatenfleisch
› natives Olivenöl extra, Salz und Pfeffer qu.s.

## DIE GESCHICHTE DES GERICHTS

Ein leckeres Fleischgericht, das, außer ein gutes Hauptgericht im Winter zu sein, auch eine vorzügliche Soße ergibt: wenn man die Tomatenmenge erhöht, erhält man eine ideale Soße für kräftige erste Gerichte. Man kann das Gericht auch abrunden, indem man in der letzten halben Stunde der Garzeit gewürfelte Kartoffeln, Erbsen oder Pilze dazu gibt.

## ZUBEREITUNG

Einen großen Topf mit etwas Öl vorbereiten und alle Gewürze gehackt darin anbraten; nach etwa zwei Minuten das Fleisch dazu geben und auf großer Flamme unter Umrühren weitere 2 Minuten schmoren. Nun die Tomaten hinzufügen und mit Salz und Pfeffer abschmecken, das Feuer kleiner stellen, zugedeckt köcheln lassen. Gelegentlich umrühren, den Wein (oder die Brühe) zugießen und mindestens 90 Minuten garen.

## DIE WEINEMPFEHLUNG

CESANESE DEL PIGLIO (DOC)
Er wächst im Vorapenninengebiet der Ciociaria in der Umgebung der Gemeinde Piglio in der Provinz Frosinone. Die fast rein verwendete Rebe ist der Cesanese di Affile, eine lokale Variante des gemeinen Cesanese. Er ist der ideale Wein für die Küche der Ciociaria, Fettuccine mit Fleischsoße, gebratenes und geschmortes Fleisch, gelagerte Wurst- und Käsesorten, Lamm nach Jägerart, gegrillte Schweineleberspießchen, Trippa und Wild.
Die lieblichen, süßen und Schaumweine passen sehr gut zu Keksen, trockenem Gebäck, Kranz- und Obstkuchen.

› VIER-STRÖME-BRUNNEN – PIAZZA NAVONA

## DIE TYPISCHEN RESTAURANTS

# ALFREDO E ADA

› Via dei Banchi Nuovi, 14 (Piazza Navona)
› Tel.: 06 6878842
› geschlossen: Samstag, Sonntag
› Durchschnittspreis (ohne Getränke): Euro 25,-

*Nur wenige Schritte von der Piazza Navona entfernt liegt "Alfredo e Ada", die klassische Trattoria, wie es sie früher gab (sie besteht seit über hundert Jahren): ein kleines Lokal, Holztische und –stühle, das Tischtuch aus Papier, an den Wänden alte Fotografien, offener Wein und eine typisch heimische Speisekarte. Es gibt keine Vorspeisen, nur einen ersten Gang und der hängt vom Tag ab, während man beim Hauptgang zwischen 3-4 Gerichten wählen kann, kein Dessert und keinen Kaffee zum Abschluss, aber vorzügliche, mit Rotwein servierte Kringel, auf die ein freundlich angebotener Limoncello, Amaro oder Grappa folgt.
Spezialitäten: Amatriciana, Carbonara, Gricia, Spezzatino und Trippa*

# Trippa
# alla Romana

*Kutteln nach römischer Art*

- › 1 kg Kutteln, gesäubert
- › 700 g Tomatenfleisch
- › 2 Zwiebeln, 2 Stangen Stangensellerie, 2 Karotten
- › 150 g geriebener Pecorino romano
- › 1 Glas trockener Weißwein
- › römische Minze, Nelken, Basilikum, Lorbeer, Salz, Pfeffer, pikanter Pecorino und natives Olivenöl extra

 LANGE

 LEICHT

## DIE GESCHICHTE DES GERICHTS

Die Kutteln gehören zum berühmten "fünften Viertel": den schlechteren Teilen des Tieres, die als Abfall angesehen wurden. Es ist ein traditionelles Volksgericht, das vorzugsweise am Samstag gegessen wurde, dem früheren Schlachttag. Die Zubereitung "nach römischer Art" kann auf zwei für die Campagne des Latiums charakteristische Zutaten nicht verzichten: den Pecorino und die bei ihrer Artenvielfalt eben "römische" genannte Minze. Es ist wichtig, sich Kutteln guter Qualität zu besorgen (besser die dunklen). Heute findet man bereits gekochte gute Kutteln im Handel, deren Verwendung die Zubereitungszeiten verringert.

## ZUBEREITUNG

Die Kutteln mit der Hälfte der Kräuter und Gewürze eine halbe Stunde in gesalzenem sprudelndem Wasser kochen. Dann abgießen und in etwa 5 cm lange und 2 cm breite Streifen schneiden. In einem Topf etwas Öl vorbereiten und dort die andere Hälfte der Kräuter und Gewürze anbraten, jedoch einige Blätter Minze beiseitelassen; nach zwei Minuten die Kutteln dazugeben, vermischen und das Glas Wein dazu gießen. Wenn der Wein verdampft ist, die Tomaten hinzufügen, mit Salz und Pfeffer abschmecken und zugedeckt köcheln lassen; bei Bedarf gelegentlich Wasser zugeben. Zuletzt die verbliebene Minze hinzufügen und noch eine Minute schmackhaft werden lassen. Noch gut heiß anrichten und mit Pecorino überstreuen.

# BEILAGEN

*Das Gemüse der römischen Campagne (und des Latiums) umfasst echte Spezialitäten: Artischocken, Brokkoli, Saubohnen, Erbsen, Fenchel, Salattomaten, Zucchini und vieles andere kennen spezifische "römische" Arten höchster Qualität und sind ganz besonders.*

*Daher verleihen sie dem lokalen Angebot vorzüglicher Beilagen Gestalt. Und was soll man über die berühmten Puntarelle sagen? In diesem Fall handelt es sich um eine Pflanze, die auch anderswo vorkommt, die Cicoria catalogna, aber Rom hat eine andere Verwendung "patentiert": statt die Pflanze zu pflücken, um sie gekocht zu verzehren, wie dies mit anderem Gemüse geschieht, lässt man hier "Ähren ansetzen" und isst die knusprigen rohen Sprosse, die, weil sie sich leicht kräuseln, kunstvoll filetiert und schließlich mit einer unwiderstehlichen Sauce übergossen werden. Eine wirklich originelle Idee für eine köstliche Beilage.*

*Ein weiteres Element, das der Liste der römischen Beilagen Charakter verleiht, ist die leckere Tradition des Koscher, die im alten Ghetto Roms lebendig ist und von jeher an den Tischen aller Römer freudig geteilt wurde.*

# Carciofi alla "Giudia"

MITTEL

LEICHT

*Artischocken nach jüdischer Arts*

› 6-8 römische (oder Cimarolo-) Artischocken, gut geputzt
› reichlich natives Olivenöl extra
› Salz und Pfeffer qu.s.

## DIE GESCHICHTE DES GERICHTS

Es ist das am meisten verbreitete Gericht, das die jüdische Gemeinde Roms kreiert hat. Seinen Erfolg verdankt es der Wesentlichkeit, die die Qualität der römischen Artischocke aufs höchste zur Geltung kommen lässt.

## ZUBEREITUNG

Die Artischocken gut zehn Minuten in Wasser und Zitrone geben, dann abtropfen und trocknen lassen. Danach mit dem Stängel in der Hand auf die Arbeitsfläche klopfen, um die Blume ein wenig zu öffnen. Inzwischen einen großen Topf mit viel Öl auf mittlere Flamme stellen und, wenn das Öl zu rauchen beginnt, die Artischocken mit dem Kopf nach unten hineingeben; sie mit einer Gabel auf den Bodentopf drücken, bis sie recht knusprig sind. Nun wenden, die Flamme niedriger stellen und sie so lange kochen lassen, bis das Herz weich ist: schließlich abtropfen lassen, abtrocken und mit Salz bestreuen. Sie sollen recht heiß serviert werden.

## DIE TYPISCHEN RESTAURANTS

### DOMENICO DAL 1968

› Via Satrico, 23-25 (S. Giovanni)
› Tel.: 06 70494602 - info@domenicodal1968.it
  www.domenicodal1968.it
› geschlossen: Sonntag und Montag
› Durchschnittspreis (ohne Getränke): Euro 40,-

*Nicht weit von San Giovanni in Lateran, der ältesten Kirche Roms, entfernt ist das Restaurant "Domenico dal 1968". Das Ambiente ist warm und gemütlich, der Service zuvorkommend und genau und die angebotene Küche echt hausgemacht und römischer Tradition.*
*Der Weinkeller bietet ausschließlich Weine aus dem Latium an.*
*Spezialitäten: Amatriciana, Carbonara, Carciofi alla Giudia, Coda alla Vaccinara und Gricia*

## WIE MAN ARTISCHOCKEN PUTZT

Die Artischocken sind ein in den typischen Rezepten der römischen Küche häufig verwendetes Gemüse.
Wie aber werden sie richtig geputzt?
Vor Beginn ist es besser, sich die Hände mit reichlich Zitronensaft einzureiben. Dies verhindert, dass sie schwarz werden, und erleichtert das folgende Putzen. Die erste Arbeit, die vorzunehmen ist, ist, den Stängel kürzer zu machen und nur den weichsten Teil (2-3 cm) zu behalten, eventuelle Blätter (sie können kleine Dornen aufweisen) entfernen und gegebenenfalls den "Kopf" der Artischocke (er heißt Capolino, Köpfchen) abschneiden.
Die äußersten Blätter der Artischocke (sie heißen Brattee, Deckblätter) sind hart und faserig und müssen entfernt werden. Für diese Arbeit muss man die Messerklinge flach unter jedem Blatt anlegen, dieses zu sich herziehen und vom Boden lösen: um zum Herzen zu kommen wird man mindestens zwei oder drei Reihen Blätter entfernen müssen, bis sie schlank werden und ein helleres Grün aufweisen.
Außerdem muss man die Spitze der Artischocke entfernen, die der härteste Teil ist.
Beim Putzen des Stängels muss der faserige äußere Teil entfernt und nur der hellere und weichere mittlere Teil belassen werden.
Nachdem die Artischocke geputzt ist, kann sie bis zu ihrer Verwendung in Wasser und Zitrone aufbewahrt werden.

# Carciofi alla Romana

*Artischocken nach römischer Art*

- › 8 römische (oder Cimarolo-) Artischocken, gut geputzt
- › 2 Knoblauchzehen
- › 1 Bund Polei-Minze
- › 3 oder 4 Petersilienstängel
- › 1 Zitrone, 1 Glas natives Olivenöl extra
- › Salz und Pfeffer qu.s.

## DIE GESCHICHTE DES GERICHTS

Eine sehr geschätzte Huldigung diesem Gemüse, das seit jeher mit großartigen Ergebnissen auf dem Ager Romanus wächst.

› BASILIKA DER VIER GEKRÖNTEN

## DIE TYPISCHEN RESTAURANTS

### DA DANILO

- › Via Petrarca, 13 (Via Merulana)
- › Tel.: 06 77200111 - www.trattoriadadanilo.it
- › geschlossen: Sonntag
- › Durchschnittspreis (ohne Getränke): Euro 40,-

*Fotos von berühmten Persönlichkeiten an den Wänden, ein warmes und gemütliches Ambiente, höflicher Service und eine ausgezeichnete Küche, die der besten kulinarischen römischen Tradition Ehre erweist: "Da Danilo" findet man dies und vieles mehr. Das Lokal, das nur wenige Minuten von der berühmten "Basilika der Vier Gekrönten" im Viertel Esquilin entfernt liegt, bietet eine der besten Carbonara Roms.*
*Spezialitäten: Cacio e Pepe, Carbonara und Carciofi*

## ZUBEREITUNG

Die Artischocken mit dem Stängel in der Hand auf
die Arbeitsfläche klopfen, dann die Blüte vorsichtig
öffnen und die kleinen mittleren Blätter entfernen.
Die zartesten Teile der Artischockenstängel, den
Knoblauch, die Petersilie und die Polei-Minze fein
hacken; das Gehackte mit einem guten EL Öl, Salz
und Pfeffer anmachen, dann die Artischockenmitte
damit füllen und auch außen leicht salzen.
Die gestürzten Artischocken eng nebeneinander in
einem Tontopf anordnen, in den sie genau passen,
mit Öl benetzen und 6 EL Wasser dazu geben,
zudecken und zugedeckt auf mittlerer Flamme etwa
40 Minuten kochen. Sie sollen sich als sehr weich
erweisen und das Wasser völlig verdampft sein.
Auch kalt oder lauwarm sind sie ausgezeichnet.

## DIE WEINEMPFEHLUNG

### ZAGAROLO (DOC)

Er wächst in der Hügellandschaft zwischen den Albaner Bergen und
den Colli Prenestini auf dem Gebiet des gleichnamigen Städtchens
und seiner Umgebung. Es ist ein Gebiet, in dem der Landbesitz
außerordentlich zersplittert und die Produktion offensichtlich begrenzt
ist, was sich in den bescheidenen Mengen niederschlägt. Er ist ein
guter Wein zum Aperitif und ideal zu schmackhaften Vorspeisen,
römischer Ricotta,
Büffelmozzarella, Pastagerichten
mit Soßen auf Fischbasis,
Artischocken, Omeletts, Venus-
und Miesmuschelsuppe und
Fischfrittüren.

# Concia
# di zucchine

*eingelegte Zucchini*

⏰ LANGE     🧤 LEICHT

› 1,5 kg römische Zucchini
› 4 Knoblauchzehen
› Weißweinessig, natives Olivenöl extra, Basilikum und Salz qu.s.

## DIE GESCHICHTE DES GERICHTS

Es ist ein klassisches Gericht in der Tradition des römischen Ghettos, ausgesprochen wohlschmeckend und kann auch mehrere Tage im Kühlschrank aufbewahrt werden. Es ist aber wesentlich, dass römische Zucchini verwendet werden, die hellgrün sind, ausgeprägte Rippen aufweisen und im Vergleich zu den gewöhnlichen mit dunkler und glatter Schale geschmacklich wie von ihrer Festigkeit her sehr verschieden sind.

## ZUBEREITUNG

Die Zucchini waschen und der Länge nach in dünne Scheiben schneiden; danach nebeneinander auf ein Tuch legen und 24 Stunden trocknen lassen (wenn dies möglich ist, wäre es ideal, sie an der Sonne trocknen zu lassen). Inzwischen das Basilikum und den klein geschnittenen Knoblauch in einem halben Glas Essig einlegen. Wenn die Zucchini gut getrocknet sind, eine große Pfanne mit reichlich Öl aufs Feuer stellen und jeweils nur wenige Zucchini darin frittieren. Auf Küchenpapier abtropfen lassen und sie danach in Schichten in ein Glasgefäß legen, dabei jede Schicht salzen. Schließlich den Essig mit den Gewürzen darüber gießen, zudecken und ruhen lassen; am darauf folgenden Tag die Zucchini der unteren Schichten nach oben legen und vor der Verwendung noch einen weiteren Tag ruhen lassen. Einige würzigere Varianten sehen zusätzlich Polei-Minze, Oregano und in einer Pfanne geröstete Pinienkerne vor, sowie zusammen mit dem Essig so viel Öl, dass die Zucchini bedeckt sind.

## DIE WEINEMPFEHLUNG

ORVIETO (DOC)
Das Anbaugebiet liegt auf den hohen Hügeln an den Ufern des Flusses Paglia in der Umgebung der Stadt Orvieto und erstreckt sich bis ins obere Latium. Der örtliche Weinbau reicht in uralte Zeiten zurück, als die ersten Bewohner des Ortes, die Etrusker, erkannten, dass der Tuffstein, der den Boden der Gegend bildet, ideal für die Lagerung des Weins ist. Zahlreiche Schriften und Anekdoten belegen die Wertschätzung dieses Weins schon in den vergangenen Jahrhunderten: der Dichter Gabriele D'Annunzio bezeichnete ihn als die Sonne Italiens in der Flasche, und Papst Gregor XVI. verfügte in seinem Testament, dass er vor seiner Bestattung mit dem Wein aus Orvieto gewaschen werden sollte. Der trockene Orvieto begleitet vortrefflich Gerichte auf Fischbasis, mit Krustentieren und Meeresfrüchten oder auch Gerichte mit weißem Fleisch, Gemüse und frischen Käse; der liebliche Typ wird als Aperitif oder zum Dessert serviert.

## DIE TYPISCHEN RESTAURANTS

### LA TAVERNA DEL GHETTO

› Via del Portico d'Ottavia, 8 (Ghetto)
› Tel.: 06 68809771
  www.latavernadelghetto.com
› geschlossen: Freitag abends
› Durchschnittspreis (ohne Getränke): Euro 40,-

*Nur wenige Schritte von der Synagoge entfernt liegt im Herzen des römischen Ghettos La Taverna del Ghetto, wo sich die Jahrhunderte alten Traditionen der jüdisch-römischen Koscher-Küche noch unverändert behaupten. Das Ambiente ist gastfreundlich, einfach und gut gepflegt und hält die Atmosphäre eines der malerischsten Winkel des antiken Roms lebendig. Spezialitäten: Abbacchio, Amatriciana, Baccalà, Carbonara, Carciofi alla Giudia, Concia di Zucchine, Coratella, Gnocchi und Puntarelle*

## I RISTORANTI TIPICI

### QUIRINO

› Vicolo della Scala, 3 (Piazza della Scala)
› Tel.: 06 58301885
› geschlossen: täglich mittags und Sonntag
› Durchschnittspreis (ohne Getränke): Euro 40,-

*Halb typische römische Trattoria und halb Bistro liegt das Restaurant Quirino in einer ruhigen Gasse in der Nähe der Piazza della Scala und fern vom Lärm von Trastevere. Es gibt hier keine klassische gedruckte Speisekarte, sondern eine riesige Tafel mit den Spezialitäten des Tages. Die Speisekarte schweift zwischen Land und Meer, aber stets mit gebührendem Blick auf die Tradition. Spezialität: Cacio e Pepe*

# Piselli al guanciale

*Erbsen mit Schweinsbacke*

› 1 kg frische Erbsen
› 200 g Schweinsbacke
› 1 kleine Zwiebel
› 1 Tasse Gemüsebrühe
› natives Olivenöl extra,
  Salz und Pfeffer qu.s.

 SCHNELL       LEICHT

## DIE GESCHICHTE DES GERICHTS

Es ist eine sehr willkommene Beilage und gibt ihr Bestes, wenn die geschätzten römischen Erbsen (römischer Cornetto) verwendet werden, die zarter und süßer sind. Leider ist es nicht leicht, sie im Handel zu finden.

## ZUBEREITUNG

Die Erbsen schälen und in einen großen Topf schütten, in dem vorher bereits in etwas Öl die fein geschnittene Zwiebel und die gewürfelte Schweinsbacke angebraten wurden.
Mit Salz und Pfeffer würzen und nach ein paar Minuten ein wenig Brühe zugießen. 10-15 Minuten kochen lassen, gelegentlich umrühren und bei Bedarf Brühe hinzufügen. Die Schweinsbacke kann durch Bauchspeck oder rohen Schinken ersetzt werden. Mit den so gekochten Erbsen kann man auch ein vorzügliches Nudelgericht zubereiten, wenn man sie mit Kochsahne vermengt.

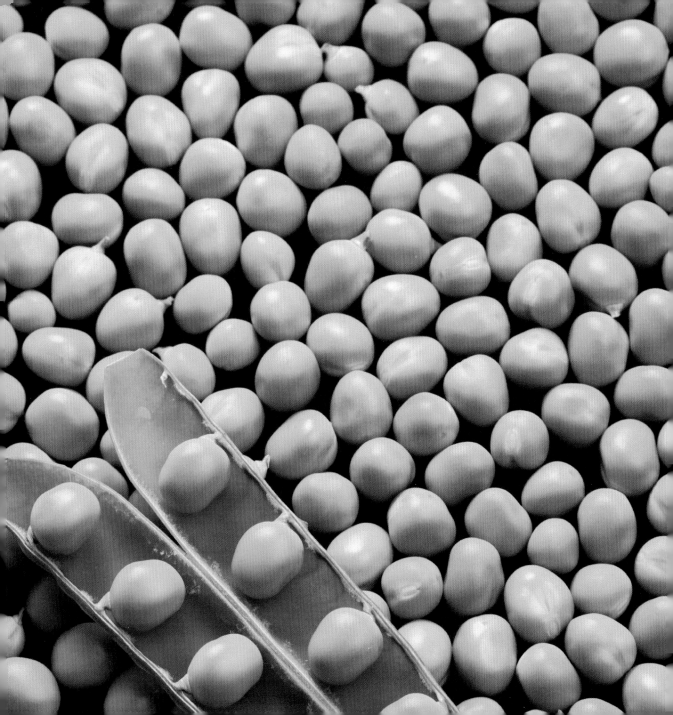

# Puntarelle

*Puntarelle*

› 700 g Puntarelle, schon gewaschen, geschnitten und "gekräuselt"
› 1 Knoblauchzehe, 6 in Öl eingelegte Sardinenfilets
› Essig, natives Olivenöl extra, Salz und Pfeffer qu.s.

### ZUBEREITUNG

Die Puntarelle abgießen und trocknen lassen.
Den Knoblauch und die Sardinenfilets zerstoßen, bis sie eine Creme bilden, dann den Essig dazugeben und vermengen. Mit dieser Sauce die Puntarelle anmachen, mit Salz abschmecken.

### DIE GESCHICHTE DES GERICHTS

Diese wirklich köstliche Winterbeilage darf beim Abendessen am Heiligen Abend nicht fehlen. Es handelt sich um eine besondere Art Zichorie, die "Catalogna", die leicht bitter und knackig ist. Die Blätter werden eines nach dem anderen abgetrennt, gewaschen und von unten her abgebrochen, bis der Stängel innen hohl ist; nun werden sie der Länge nach in feine Streifen geschnitten und mindestens 30 Minuten lang in eiskaltes Wasser (noch besser, wenn man einige Eiswürfel dazu gibt). Dabei kräuseln sich die Puntarelle und verlieren ihren leicht bitteren Geschmack.

# DESSERTS

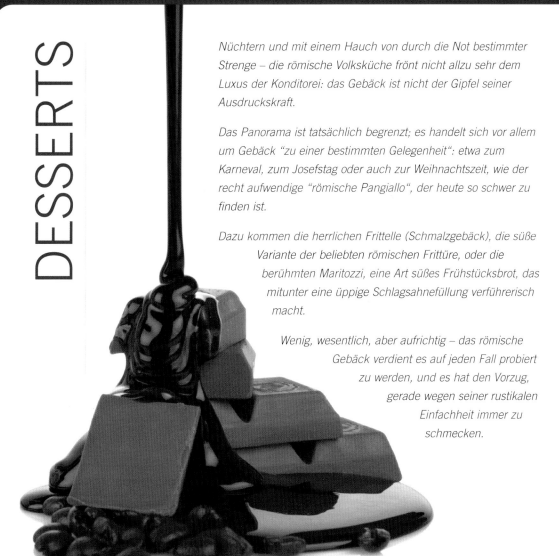

Nüchtern und mit einem Hauch von durch die Not bestimmter Strenge – die römische Volksküche frönt nicht allzu sehr dem Luxus der Konditorei: das Gebäck ist nicht der Gipfel seiner Ausdruckskraft.

Das Panorama ist tatsächlich begrenzt; es handelt sich vor allem um Gebäck "zu einer bestimmten Gelegenheit": etwa zum Karneval, zum Josefstag oder auch zur Weihnachtszeit, wie der recht aufwendige "römische Pangiallo", der heute so schwer zu finden ist.

Dazu kommen die herrlichen Frittelle (Schmalzgebäck), die süße Variante der beliebten römischen Frittüre, oder die berühmten Maritozzi, eine Art süßes Frühstücksbrot, das mitunter eine üppige Schlagsahnefüllung verführerisch macht.

Wenig, wesentlich, aber aufrichtig – das römische Gebäck verdient es auf jeden Fall probiert zu werden, und es hat den Vorzug, gerade wegen seiner rustikalen Einfachheit immer zu schmecken.

# Bignè di San Giuseppe

*kleine Windbeutel zum Josefstag*

 MITTEL  MITTEL

**FÜR DIE WINDBEUTEL:**
› 90 g Mehl
› 3 Eier
› 40 g Butter
› 100 g Vanillezucker
› 20 g Puderzucker
› Zitrone, natives Olivenöl extra,
  Schmalz und Salz qu.s.

**FÜR DIE CREME:**
› 4 gestrichene EL Zucker
› 2 gehäufte EL Mehl
› 3 Eigelb
› 0,5 l Milch
› Zitronenschale oder Vanillin

## DIE GESCHICHTE DES GERICHTS

Es ist ein Gebäck zu einem Anlass: bis vor
wenigen Jahren aß man es ausschließlich
Mitte März kurz vor dem Josefstag (19.
März). Inzwischen hat das Bignè seine
'zeremonielle' Rolle verloren und man
bekommt es fast immer, auch in vor
kurzem eingeführten Varianten.

## ZUBEREITUNG

Als erstes die Creme für die Füllung vorbereiten: die Eigelb zuerst mit dem Zucker, dann mit dem Mehl vermengen; die Milch allmählich so in den Teig gießen, dass sich keine Klumpen bilden. Am Ende die abgeriebene Zitronenschale oder das Vanillin dazu geben. Aufs Feuer geben und unter stetem Umrühren in immer die gleiche Richtung zum Kochen bringen. Die Creme zum Abkühlen in den Kühlschrank stellen.

Für die Windbeutel das Mehl mit dem Puderzucker vermischen. Einen kleinen Topf mit 6 EL Wasser aufs Feuer stellen und darin die Butter und eine Prise Salz auflösen. Ohne Feuer die Mehl-Zucker-Mischung auf einmal in den Topf schütten, umrühren, wieder aufs Feuer stellen und so lange rühren, bis der Teig zischt. Vom Feuer nehmen und den Teig in eine Schüssel geben: wenn er abgekühlt ist, nacheinander die Eier (zwei Eier und ein Eigelb) und die geriebene Zitronenschale unterziehen. 30 Minuten ruhen lassen, dann den Teig in nussgroßen Portionen in heißes Öl und Schmalz geben. Die Windbeutel, wenn sie aufgegangen und goldbraun sind, abtropfen und auf saugfähigem Küchenpapier trocknen lassen.

Die Creme in eine Tortenspritze oder einen Spritzbeutel geben, die Windbeutel füllen, mit Puderzucker überstreuen und servieren.

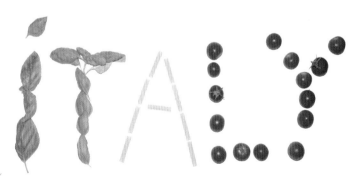

## RÖMISCHE KÜCHE IN NEW YORK

"La Lupa", "Cacio e Pepe", "Testaccio", "Quinto Quarto" und "Sora Lella" sind Restaurants, die typische Gerichte der römischen Tradition zubereiten. Und, was ist daran neu? Gemeinsam ist ihnen die Tatsache, dass sie nicht in der Ewigen Stadt sind, sondern in 'Big Apple'. Die römische Küche landet in New York und erobert die Amerikaner.

So können die New Yorker auf den Speisekarten dieser sich ständig weiter verbreitenden Restaurants (allein im Januar 2010 wurden sechs eröffnet) folgende Gerichte finden: Spaghetti in spicy tomato sauce (Spaghetti all'Arrabiata), Jewish Ghetto-Style (Artischocken nach jüdischer Art), finger-burning (Agnello scottadito) oder Jump in the maouth (Saltimbocca nach römischer Art). Aber New York ist nur das Sprungbrett einer kulinarischen Mode, die dabei ist, die Vereinigten Staaten zu erobern.

Außer der Eröffnung neuer "typisch römischer" Restaurants vervielfachen sich die Geschäfte mit den geeigneten Zutaten, wie Schweinsbacke, Puntarelle, frischen Tonnarelli und Tagliatelle, Pecorino-DOP und Römischer Ricotta-DOP, um auch jenseits des Atlantik "römische" Meisterköche zu werden.

# Castagnole

*Castagnole*

- › 400 g Mehl; 4 Eier
- › 100 g Butter; 50 g Zucker
- › 1 kleines Glas Rum
- › abgeriebene Schale von 1 Zitrone
- › 100 g Puderzucker vermischt mit gemahlenem Zimt
- › Salz und natives Olivenöl qu.s.

 SCHNELL     LEICHT

## DIE GESCHICHTE DES GERICHTS

Dies ist die römische Version eines klassischen Karnevalsgebäcks, das in vielen Varianten auf der ganzen Halbinsel verbreitet ist. Es ist nicht gerade leicht… aber Karneval ist nur einmal im Jahr.

## ZUBEREITUNG

Das Mehl in eine recht große Schüssel schütten, in die Mitte die leicht verschlagenen Eier, die geschmolzene Butter, den Rum, die abgeriebene Zitronenschale und eine Prise Salz geben. Den Teig so lange kneten, bis er weich und glatt ist. Daraus mit den Händen viele kastaniengroße Kugeln drehen und jeweils wenige zusammen in eine große Pfanne mit heißem Öl geben. Die Castagnole gehen auf. Sobald sie goldbraun sind, abtropfen lassen und auf saugfähiges Küchenpapier legen, damit sie das überschüssige Öl ausscheiden, mit dem mit Zimt vermischten Puderzucker überstreuen und auf einem Teller anrichten. Man kann sie auch kalt servieren.

## DIE TYPISCHEN RESTAURANTS

### MATRICIANELLA

- › Via del Leone, 4 (Piazza di Spagna)
- › Tel.: 06 6832100
  info@matricianella.it
  www.matricianella.it
- › geschlossen: Sonntag
- › Durchschnittspreis (ohne Getränke): Euro 40,-

*Das Matricianella hat viele Stärken: die Lage (wenige Schritte von der Piazza di Spagna und der Kirche Trinità die Monti entfernt), den Weinkeller von hohem Niveau, die ausgewählten Zutaten und eine Küche, die vollkommen die Eigentümlichkeit der römischen Tradition widerspiegelt. Das Klima ist familiär, der Service effizient, die Tische stehen vielleicht etwas zu nahe beisammen, aber auch das drückt das Römertum aus. Spezialitäten: Abbacchio, Amatriciana, Baccalà, Carbonara, Carciofi, Coda alla Vaccinara, Fiori di Zucca, Gricia, Puntarelle und Supplì*

› SPANISCHE TREPPE UND BARCACCIA-BRUNNEN

## DIE TYPISCHEN RESTAURANTS

### LA MATRICIANA

› Via del Viminale, 44 (S. Maria Maggiore)
› Tel.: 06 4881775 – www.lamatriciana.it
› geschlossen: Samstag
› Durchschnittspreis (ohne Getränke): Euro 35,-

*Nur wenige Minuten von der Basilika Santa Maria Maggiore entfernt liegt der Oper direkt gegenüber das Restaurant "La Matriciana", das wie Italien im Jahre 1870 gegründet wurde (es ist Mitglied der Vereinigung "Locali storici d'Italia", Historische Lokale in Italien). Das eindrucksvolle Ambiente scheint das antike Römertum wieder aufleben zu lassen, und die Küche spiegelt sehr genau die römische Tradition wider.*
*Spezialitäten: Abbacchio, Amatriciana, Crostata di Ricotta, Gricia und Puntarelle*

# Crostata di ricotta

*Ricottakuchen*

 MITTEL

 LEICHT

### FÜR DEN MÜRBTEIG:
› 200 g Mehl
› 100 g Zucker
› 100 g Butter
› 2 Eigelb
› abgeriebene Zitronenschale und eine Prise Salz

### FÜR DEN BELAG:
› 400 g Ricotta
› 200 g Zucker
› 50 g Blockschokolade, gehobelt, oder als Schokoladetropfen
› 3 Eier
› Orangenschale, Kanditen, Rum und Zimt qu.s.

### DIE GESCHICHTE DES GERICHTS

Die Erzeugung einer ausgezeichneten Schafricotta im Umland hat die Konditoren des Latiums dazu ermutigt, sie als Belag eines herrlichen Mürbteigkuchens einzuführen mit verschiedenen Zugaben und Geschmacksrichtungen. Dies ist das Originalrezept aus dem oberen Latium.

### ZUBEREITUNG

Für den Mürbteig eine Mulde in das Mehl drücken, in die alle anderen Zutaten (die Butter muss weich sein) gegeben werden. Gut durchkneten und dann etwa 30 Minuten ruhen lassen. Eine niedrige Backform mit dem Mürbteig auskleiden (vorsichtig, da der Teig leicht reißt und daher mit viel Geduld ausgerollt werden sollte). Mit einem Schneebesen die Ricotta mit den Eiern (2 ganze und 1 Eigelb) und allen anderen Zutaten schlagen. Die Mischung auf den Mürbteig schütten und gleichmäßig verteilen. Aus dem verbliebenen Mürbteig Streifen formen und diese netzförmig auf der Ricotta anordnen; dann mit dem Eiweiß bestreichen. Bei 180° etwa 45 Minuten im Ofen backen und, wenn er etwas abgekühlt ist, mit Puderzucker überstreuen.

## DIE WEINEMPFEHLUNG

### EST! EST!! EST!!! DI MONTEFIASCONE (DOC)

Das Anbaugebiet ist Montefiascone, eine Ortschaft in der Hügellandschaft Tusziens, nur wenige Kilometer von Viterbo entfernt und in der Nähe des Bolsenasees. Die lokale Weinbautradition bezeugt bereits der Name (der an den klassischen Fiasco, Flasche, anknüpft, das typische Gefäß für den Wein) und alte Wappen, die das Bild des Fasses enthalten. Berühmt ist die Sage, die von der Entstehung des Namens im Jahre 1111 berichtet, nach der ein Bischof im Gefolge des deutschen Kaisers Heinrich V., Monsignor Deuc, auf dem Weg nach Rom war. Der große Weinliebhaber beauftragte den Mundschenk Martinus damit, den Weg auf Erkundung vorauszugehen, um die Weine zu probieren und auf die besten hinzuweisen. Der Auftrag war klar: der Diener sollte die besten Osterien mit dem Wort "Est" (d.h. "ist") markieren, um anzuzeigen, dass es hier guten Wein gab. Martinus, der vom Wein von Montefiascone überaus begeistert war, markierte die lokale Osteria mit einem stürmischen EST! EST!! EST!!! Der zufriedene Wirt verwendete diesen Hinweis, und seit damals ist dies der Name des Weins von Montefiascone. Er ist ein Weißwein für die ganze Mahlzeit, bringt aber sein Bestes mit Seefischen und fettarmen Vorspeisen; der liebliche Typ passt vorzüglich zum Ricotta-Kuchen und hausgemachtem Gebäck.

## DIE TYPISCHEN RESTAURANTS

### SANTOPADRE

› Via Collina, 18 (Porta Pinciana)
› Tel.: 06 4745405
› geschlossen: Sonntag
› Durchschnittspreis (ohne Getränke): Euro 45,-

*Wenige Schritte von der Porta Pinciana entfernt liegt das Restaurant "Santopadre", wo man alle Gerichte der kulinarischen römischen Kultur und freitags viele Fischangebote kosten kann.*
*Das Ambiente ist angenehm, einfach und sehr gastfreundlich, es besteht aus drei Räumen mit Fotos an den Wänden und mit Pferdeschmuck und Jockeyjacken. Die Küche ist regional und typisch römisch.*
*Spezialitäten: Abbacchio, Cacio e Pepe und Gricia*

# Frappe

 MITTEL

 SCHNELL

*In Öl gebackene Teigstreifen*

› 500 g Mehl
› 30 g Schmalz
› 2 Eigelb und 1 ganzes Ei
› 1 EL Zucker
› Salz, Weißwein,
  natives Olivenöl extra und Puderzucker qu.s.

› 'ZWILLINGSKIRCHEN' – PIAZZA DEL POPOLO

## DIE GESCHICHTE DES GERICHTS

Dieses Kleingebäck ist ein traditionelles Karnevalsrezept. Am besten schmeckt es ganz frisch und wenn der Teig dünn und mürbe ist.

## ZUBEREITUNG

Eine Mulde in das Mehl drücken, in deren Mitte das Schmalz, die Eigelb und das ganze Ei, Zucker und Salz gegeben werden; das Ganze mit Weißwein so durchkneten, dass man einen Teig wie einen gewöhnlichen Eiernudelteig erhält. Den Teig etwas ruhen lassen und dann auf einer mit Mehl leicht bestäubten Arbeitsfläche sehr dünn ausrollen, mit einem Messer oder Pizzaschneider in Streifen beliebiger Breite und Länge schneiden, einfach belassen oder zu Knoten formen und in ausreichend Öl oder Schmalz ausbacken. Die Frappe nach dem Frittieren auf einer Platte pyramidenförmig anordnen und reichlich mit Puderzucker überstreuen.

## DIE WEINEMPFEHLUNG

### ALEATICO DI GRADOLI (DOC)

Er wird in der Provinz Viterbo in einem begrenzten hügeligen Gebiet, das auf die nordöstliche Seite des Bolsenasees gibt, in der Nähe der Grenze zwischen Umbrien und der Toskana erzeugt. Er wird ausschließlich aus den Trauben der gleichnamigen Rebe hergestellt, die in uralten Zeiten von den Etruskern aus Griechenland eingeführt worden ist. Die Begrenztheit des Anbaugebiets ist auf seine absolute und ideale Übereinstimmung mit dem Boden und den mikroklimatischen Bedingungen dieser Gegend zurückzuführen, was ein hervorragendes und seltenes Produkt entstehen lässt. Der Aleatico ist bestens geeignet für Kekse, Rohmarzipangebäck, Crostate und traditionelles Gebäck.

# Maritozzi

## Maritozzi

› 500 g Hefebrotteig
› 20 g Pinienkerne
› 20 g Rosinen
› 3 EL Puderzucker
› 3 EL natives Olivenöl extra
› abgeriebene Orangenschale qu.s.

 MITTEL     LEICHT

### DIE GESCHICHTE DES GERICHTS

Die ursprünglich als Fastengebäck
entstandenen Maritozzi wurden später – ohne
Pinienkerne – das typische Frühstücksgebäck.
In vielen römischen Cafés lächeln sie einem in
ihrer naschhaftesten Version entgegen:
angeschnitten und mit überquellender
Schlagsahne gefüllt.

### ZUBEREITUNG

Den Brotteig mit allen Zutaten vermengen, den
Teig schnell kneten und in kleine ovale
Brötchen teilen. Eine flache Backform
einbuttern und die Brötchen in größerem
Abstand voneinander darauf legen. Ruhen
lassen, bis sie zu ihrer doppelten Größe
aufgegangen sind. Bei 200° etwa 20 Minuten
im Ofen backen. Vor dem Servieren mit
Puderzucker überstreuen

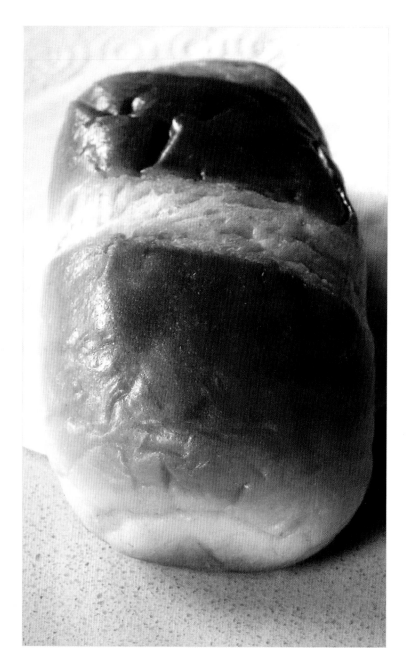

# Bildnachweis

*Für die Fotos, deren Herkunft nicht festgestellt werden konnte, verpflichtet sich der Verlag jedoch, die vorgeschriebenen Formalitäten zu erfüllen.*

# Verzeichnis der typischen Restaurants

Diese Liste umfasst alle in diesem Buch vorkommenden Lokale. Auf der vorangehenden Seite kann man sich ihre Lage veranschaulichen.
*ES HANDELT SICH UM KEINE BEZAHLTEN ANZEIGEN.*
Wir entschuldigen uns für eventuelle Ungenauigkeiten oder Versäumnisse, die uns bei aller Sorgfalt unterlaufen sein könnten. Wir bitten Sie, uns Kritiken und Anregungen zukommen zu lassen, um eine stetige Verbesserung der Veröffentlichung zu ermöglichen.

# Verzeichnis der Rezepte

# Verzeichnis der Weine